GALARNAD ANNES

GALARNAD ANNES

MARNIX GIJSEN

Cyfieithiad o
KLAAGLIED OM AGNES
gan Elin Garlick

Gwasg Christopher Davies
Abertawe

Cyhoeddwyd gyda chymorth y Sefydliad er
Hyrwyddo Llenyddiaeth Iseldireg

Cyhoeddwyd gyntaf yn yr Iseldireg ym 1951 gan
B. V. Uitgererij Nijgh & Van Ditmar

Cyhoeddwyd gyntaf ym 1979 gan
Christopher Davies (Cyhoeddwyr) Cyf
52 Heol Mansel
Abertawe SA1 5EL

ISBN 0 7154 0499 7

*Argraffwyd gan
Wasg Salesbury Cyf
Llandybïe, Rhydaman
Dyfed*

I

Pan oeddwn i'n un ar bymtheg oed swm a sylwedd fy mhrespoced wythnosol oedd marc a hanner. Derbyniwn y cyfanrif pitw hwn, mewn arian traisfeddiant, o law fy mam ddarbodus bob bore Sul. Fe'i gosodai bob amser ar gornel cwpwrdd y gegin, a gwyddwn innau ble i ddod o hyd iddo. Felly doedd dim rhaid inni gyfnewid geiriau am weithred nad oedd yn rhyngu bodd iddi hi. Rhoddai'r swm bychan hwn imi yn unig am fod rhieni eraill o'r un safon gymdeithasol â ni yn gwneud yr un peth, a hefyd am y byddai fy nghadw heb yr un ddimai yn f'arwain o bosibl i ryw drybini a allai achosi i'r teulu golli parch. Dyna sut y deallwn i'r sefyllfa ar y pryd, beth bynnag. Ond dichon nad oedd yn ddim mwy na rhyw fath o ymarfer mewn cynilo a orfodai Mam arnaf er fy lles fy hun. Os dyna oedd ei bwriad mewn gwirionedd profodd yn fethiant llwyr, gwaetha'r modd, achos y munud y cefais ychydig o arian yn fy nwylo fy hun yn ddiweddarach, fe'i gwastreffais ar unwaith ar bob math o sothach dianghenraid. Dydi addysg ddim yn bopeth chwaith.

'Run fath â'r rhan fwyaf o bobl y dosbarth canol y cyfnod hwnnw roedd Mam yn credu mewn cynilo, ac roedd ganddi ffydd yng nghadernid cyfranddaliadau'r wladwriaeth. Doedd hi ddim yn gwybod bod arian yn dibynnu ar safon ei bŵer pwrcas, ac y gallai golli ei werth. Cludai ei cheiniogau prin yn selog i fanc y wladwriaeth: flynyddoedd yn ddiweddarach deallodd mewn syndod y gallai lawn cystal fod wedi taflu'r cyfan i'r dŵr neu, fel y dywedodd hi ei hun mewn pwl unigryw o ddrwgdybiaeth, 'i flwch y tlodion yn yr eglwys, o achos fe allai peth lles fod wedi deillio o hwnnw, rŵan neu yn y byd a ddaw!' Tra oedd gwerin bobl yr Oesoedd Canol yn medru tynnu rhywfaint o gysur o leiaf o glywed am esgymuno eu tywysogion crintachlyd, roedd cyd-ddioddefwyr Mam yn darllen yn y papurau newydd fod y Canghellor wedi achub eu gwlad drwy rwystro'r ffranc rhag llithro'n is. Ni chyhoeddwyd ysywaeth nad oedd y ffranc an llithredig hon yn ddim mwy na deg-fed o'i gwerth cysefin. Yr oedd Mam—a fu fyw drwy'r math yna o drychineb deirgwaith—yn cyfaddef yn aml yn nes ymlaen iddi gynilo yn ofer am ugain mlynedd o'i bywyd. Yn ystod y traisfedd-iant gwelodd newid yng ngwerth y marc droeon, ac wrth dros-glwyddo'r marc a hanner truenus imi ar gyfnodau arbennig o gyfyng byddai'n traddodi pregeth fach chwerw ar destun ei phrof-iadau ariannol. Ond 'chymerwn i fawr o sylw o'i geiriau gan fy mod yn ystyried arian gyda diflastod a thristwch am ei fod bob amser mor brin, a ninnau'n methu prynu anghenion bywyd, ac am ei fod yn achosi chwerwder ac annealltwriaeth rhyngof fi a Mam. Mewn gwirionedd, does a wnelo'r stori hon fawr ag arian, ond eto arian oedd un o'r rhesymau dros y diffyg dealltwriaeth a dyfodd rhwng Mam a minnau, a pharhau rhyngom am gynifer o flynydd-oedd. Defnyddiai hi arian fel arf, fel cyfrwng i'm clymu wrthi. I mi roedd arian fel gwifren bigog yr oedd dyn yn syrthio drosti'n sydyn wrth gerdded drwy'r coed neu dros y caeau.

Digwyddodd y frwydr gyntaf a oedd i'm gwahanu oddi wrth Mam, ac a'm gyrrodd i chwilio am gysur a chyfeillgarwch y tu allan i gylch tawel ein cartref, pan wrthododd Mam roi imi am nifer o Suliau y swm bychan y credwn fod gennyf hawl iddo. Dyna un o'r troeon cyntaf erioed imi brofi'r hyn a ystyriwn yn anghyfiawnder. O'r diwrnod hwnnw ymlaen gwyddwn na allwn brofi teimlad cryfach, oherwydd cefais ysgytiad trwm, a sylweddolais na fyddai hyd yn oed adfer yr anghyfiawnder ar ei union yn medru gwneud iawn amdano: roedd y drwg wedi ei wneud, yr ergyd wedi ei bwrw. Roeddwn i wedi dod wyneb yn wyneb â'r math o ddrwg na welwn ddim eglurhad amdano. Flynyddoedd yn ddiweddarach, pan gefais fy nharo gan gar oedd yn bacio, sefais yno yr un mor syn ac mor fud yn syllu ar y grym mecanyddol hwn na ellid rhesymu ag ef ac nad oedd modd dial arno. Trwy gydol ei fywyd y mae'r creadur teiml-adwy yn hawdd ei niweidio a hynny mewn ffyrdd newydd o hyd ac o hyd.

Y peth gwaethaf ynglŷn â cholli'r arian-poced oedd fy mod wedi penderfynu ei wario ar set gyflawn o weithiau Goethe yn y farch-nad sborion. Roeddwn i wedi gwirioni ar setiau cyflawn o lyfrau pan oeddwn i'n llanc. Gwyddwn yn iawn na fyddwn yn eu darllen i

8

gyd, ond teimlwn y byddai bod yn berchen ar ddeg o gyfrolau, wedi eu hargraffu'n flêr ar bapur brau a hwnnw wedi melynu, yn trosglwyddo Goethe ei hunan fel carcharor imi megis. Ni fyddai dim o'r dyn mawr yn gallu dianc rhagof: dim pencampwaith, dim araith lem, dim mymryn o'i hanfod na'i ddawn hyd yn oed: *der ganze Goethe*. Roeddwn i wedi crwydro Sul ar ôl Sul o amgylch y farchnad lle'r oedd llyfrau ar werth ar rai o'r stondinau rhwng y man lle'r oedd dynion yn gwerthu cŵn o dras anhysbys a chwningod gwyn mawr tewion, llygatgoch, a'r rhan o'r farchnad lle'r oedd dyn du o India'r Gorllewin yn cymeradwyo, mewn Iseldireg coeth, ei foddion-gwella-popeth. Yn ogystal â'r rhain roedd yno gasgliad anniben o bob math o stondinau yn gwerthu popeth y gellir meddwl amdanynt. Roeddwn i wedi holi pris *der ganze Goethe* gynifer o weithiau nes i'r marchnatwr o'r diwedd gyfarth ei bris ataf yn ddicllon. Gan fod y set yn awr yn gwbl allan o'm cyrraedd treuliais f'amser yn ymlwybro'n ddibwrpas drwy'r farchnad. Sefais yn hir o flaen llecyn agored yn gwylio menyw ffyrnig, wedi ei gwisgo o'i phen i'w thraed mewn siwt ddu dynn, yn herio'r dynion i frwydro'n ei herbyn yn y modd Groegaidd-Rhufeinig. Cefais fy hel oddi yno dro ar ôl tro gan y bobl barchus oedd yn poeni am yr effaith y gallai golygfa o'r fath ei chael ar fy moesau. Roedden nhw'n anghofio bod corff lluniaidd y firago hon yn llawer llai awgrymog na chynfasau'r hen feistri yn ein heglwys ni ein hunain, a'r angylion noethlymun hardd oedd yn addurno'r cellau lle'r aem i gyffesu'n pechodau bob wythnos.

Doedd dim angen i neb boeni am fy nghyflwr moesol i. Roeddwn i'n fachgen diniwed iawn, yn ymddiddori mewn dim ond llyfrau ac yn gwybod dim am yr hyn a elwid gan Mam a rhai o'm ffrindiau mwyaf bydol yn yr ysgol yn 'fywyd'. Roedd yr ychydig yr oeddwn wedi ei ddeall am y peth yn fy llenwi â ffieidd-dra ac atgasedd, a dewiswn edrych ar fywyd drwy lygaid yr eneidiau mawrion pur. Sylweddolais yn ddiweddarach fy mod wedi dysgu edrych ar fywyd drwy sbectol rosynnog yr awduron rhamantaidd—y ffug-lenorion digywilydd hynny. Ond yn ddiweddarach eto gwelais mai nhw a greodd ar fy nghyfer yr unig sbectol a allsai wneud bywyd yn oddefadwy imi. Rhamantydd oeddwn i, hyd yn oed yn fy ngwrthryfel yn erbyn Mam, ac roedd y realaeth galed a ysbrydolai rhai pobl i gyflawni gweithredodd mawrion yn fy

9

ngadael i yn gwbl oer. Yr unig ran o waith Goethe a wyddwn oedd ei *Faust*, ac oddi yno y daethai fy holl wybodaeth o'r byd a gwragedd. 'Allwn i ddim credu bod yna ddim mwy i'w ddweud am wŷr a gwragedd na'r hyn yr oedd Goethe yn ei ddatgelu imi. Caeais *Faust II* yn ddigalon: ni allwn ei ddeall. Roedd y merched a adwaenwn yn ymddangos yn hollol anniddorol imi, yn cilchwerthin yn wirion bob amser, yn gorfforol anneniadol imi, ac yn ysbrydol atgas gennyf. Glynwn yn gyndyn wrth yr hen air sy'n disgrifio merched fel bodau efo gwalltiau hirion a meddyliau cwta. Mewn syndod mud gwelais fechgyn yn mynd i sefyll y tu ôl i rai o'r cwsmeriaid benywaidd oedd yn edrych ar y stondinau yn y farchnad, efo tamaid o ddrych ar ddarn o wifren yn eu llaw ac yn edrych i fyny eu dillad. Ond disgyblion yr Ysgolion Rhydd oedd y rheini, â'u bryd ar bob drygioni, roeddwn i'n gwybod: roedd pobl wedi dweud wrthyf.

Yr unig fod benywaidd, heblaw Mam, oedd yn chwarae rhan yn fy mywyd oedd fy chwaer Annes. Dydi'r *macabre* erioed wedi apelio ataf, a phan ddarllenais *Bruges, la Morte* Rodenbach fe'i cefais, er gwaethaf fy ngogwydd rhamantus, yn ffiaidd ac annifyr. Nid oeddwn erioed wedi adnabod fy chwaer Annes, a chwaraeai ran mor bwysig yn fy emosiynau drwy gydol f'oes. Hynny a wyddwn amdani oedd ei bod wedi ei geni flwyddyn o 'mlaen i, ac wedi byw am ddim ond wyth wythnos, a marw ar ôl gwaeledd a barodd am ychydig oriau'n unig. Ni feiddiais erioed ofyn i Mam ble'r oedd hi wedi ei chladdu hyd yn oed. Fodd bynnag, gwelais ei cholli yn fy mywyd, rhywun a ddylai fod wedi bodoli, a minnau heb gael ei hadnabod. Edrychais ar ei hymadawiad â'r byd hwn fel anghyfiawnder, ond teimlwn hefyd yn aml fy mod, yn annheg, wedi cymryd y lle a adawyd yn wag ganddi hi. Ceisiodd salwch ynfyd blynyddoedd mebyd ladrata chwaer oddi arnaf, ond yr hyn a wnaeth mewn gwirionedd oedd adfywio ynof fi y plentyn marw fel bod glanach, mwy urddasol a phurach nag un dyn byw. Felly, o'r dechrau cyntaf, teimlwn fy mod yn cael cam a cheisiwn ddial ar anwadalrwydd ffawd. Y tro hwnnw pan rwystrodd Mam fi rhag prynu gweithiau cyflawn Goethe, dechreuais addoli Annes, fy chwaer fach farw, a dichon nad oedd fy mywyd o hynny ymlaen yn ddim amgenach na gweithred o hela'r ysbryd gwelw hwn, hela'r plentyn gwantan y bu rhaid iddi farw mewn ffit arswydus o'r parlys. Pan oeddwn wedi hen dyfu allan o'm rhamantiaeth blentynnaidd fe ddywedodd seiciatrydd wrthyf fod gennyf yn fy nghorff — er gwaethaf presenoldeb gwrolaeth cydnabyddedig, ac weithiau rodresaidd—ormod o hormonau benywaidd. Meddyliais am hyn droeon a minnau, y tu ôl i ffasâd o wrywder, yn teimlo'n dyner a phetrusgar. Dro ar ôl tro defnyddiais y gorbwysedd hwn o'r benywaidd ynof fel esgus dros fy llwfrdra a diffyg awydd. Yn union fel pe bai'r diffygion yna yn perthyn yn arbennig i fenywod! Yn rhy hwyr deuthum i ddeall bod delwedd gonfensiynol o ŵr a gwraig wedi ei gosod yn barod inni, a bod y ddelwedd honno wedi ei sylfaenu ar fytholeg ac ar ragfarnau cymdeithasol pobl hollol ddiaddysg *neu* oraddysgedig, yn hytrach nag ar unrhyw sylfaen resymegol ac onest. Bryd hynny, fodd bynnag, roedd Annes yn realaeth fyw yn fy mywyd, icon y trown ato mewn angen, bod delfrydol. Yn nes ymlaen, pan oedd gennyf ddigonedd o resymau dros deimlo'n anfodlon arnaf fy hun, deuai ei llun i'm meddwl bob amser a theimlwn mai ymyrrwr oeddwn i yn y bywyd hwn, fel pe bawn wedi cymryd ei lle yn ddigywilydd yma, ac wedi bradychu rhyw a thynged Annes trwy fod yn ddyn, dyn nad oedd ond yn rhy aml, ddim yn ddyn. Pan oedd pethau'n mynd yn dda a minnau'n tybio fy mod wedi gwneud rhywbeth gwerth ei wneud, teimlwn mai cyfuniad o Annes a mi fy hun oeddwn, ac ymfalchïwn yn y ffaith fod ynof rywfaint (gormod, meddai'r dysgedigion) o'r hyn a elwid gan Schiller yn 'das ewig Weibliche'.

Roeddwn i'n byw, felly, mewn byd caeëdig, caeth. Roedd Mam yn dawedog ac yn llawn pryderon. Ond teimlai ryw fath o dosturi tuag ataf er ei bod wedi ei chau ei hun oddi wrthyf yn llythrennol. Roedd hi'n besimistaidd iawn, ac anaml y gallai ymatal rhag gwneud imi deimlo nad oedd gan y dyfodol ddim hapusrwydd i'w gynnig imi. Mor fynych y chwenychwn am fod wedi cael fy ngeni yn yr Eidal neu yn Sbaen lle, medden nhw, roedd y bobl yn llon, yn ysgafngalon ac yn arwynebol, a phawb yn edrych ar fywyd fel rhyw fath o gêm a dawns. Arwyddair ein teulu ni oedd: 'Nid rhywbeth i chwerthin am ei ben yw bywyd'. Ni feiddiai neb oedd yn deall y gwirionedd hwn byth wneud gŵyl o'i fywyd prudd, gwrthsefyll ei dynged, a rhoi cyfle i'w fywyd brofi ychydig o lawenydd weithiau. Euthum innau allan felly i gyfarfod â bywyd â'm llaw ar y brêc.

Cefais fy magu, yr un fath â'm ffrindiau i gyd a phawb o'm

cwmpas, yn barchus, ie parchusrwydd hen-ffasiwn. Caem ein dif-
lasu â storïau am orchestion ein cyndadau yn yr oes o'r blaen, a'n
siarsio i ymfalchïo yn y ffaith fod rhyw gigydd o Brugge wedi
trechu uchelwr o Ffrainc un diwrnod, a bod Rubens wedi peintio
nifer anhygoel o luniau anghredadwy o hardd. O'r diwedd
dechreusom gredu mai ni—pob un ohonom yn bresennol—oedd
wedi gorfodi Philip de Castillon i lyfu'r llaid, ac mai ni, gyda'n
gilydd ac yn unigol, oedd wedi tynnu llun Hélène Fourment naill ai
wedi gwisgo amdani neu'n noethlymun. Teimlem yn chwerw ac
yn anobeithiol o sarrug rywfodd wrth weld tynnu i lawr hen ffas-
adau oedd wedi herio treigl amser i wneud lle i adeiladau yn bod-
loni anghenion iechydeg a diogelwch a dim arall. Edrychai hyn fel
buddugoliaeth anwar i ni. Roeddem wedi ein dysgu i weld popeth
hen yn hardd ac yn haeddu'i barchu; roedd unrhyw beth hen o
anghenraid yn well ac yn fwy urddasol na phethau newydd;
doedd gennym ni ddim meddwl o bethau cyfoes, ac am bethau'r
dyfodol—gadawem y rheini i'r eneidiau cyffredin hynny a oedd yn
barod i wastraffu eu hamser ar realaeth bywyd. Cawsom ein codi i
fod yn geidwaid yr amgueddfa ardderchog hon o wlad, y mae'n
rhaid iddi, yn ôl yr ysgolheigion gorau, fod yn amgueddfa. Ni fedd-
yliodd neb erioed am geisio cyfeirio ein hegni a'n brwdfrydedd
tua'r dyfodol, dyfodol a allai wneud o'r ddaear hon rywbeth
ehangach a gwell i bawb ohonom.

I ni roedd byd y gorffennol yn un da. Roeddem ni am ei gynnal,
a'i adfer—yn ffug ac yn arwynebol hyd yn oed, os oedd raid.
Cymerodd flynyddoedd lawer i mi i dorri'n rhydd oddi wrth y
rhith-ddiwyg hwn, a'r person a'm rhyddhaodd o'r fframwaith
sych, artiffisial yma, yr un a'm hargyhoeddodd na fedrai'r gorff-
ennol wneud dim llawer mwy na magu mursendod llwfr a hunan-
dwyll ynom, hi hefyd oedd yr un a ymddangosodd yn fy llencyn-
dod rhamantaidd fel yr unig realaeth odidog yn y byd hwn: y ferch
y mae dyn yn ei charu, ac sy'n ei garu yntau.

II

Roedd tempo bywyd yn araf iawn yn ystod y traisfeddiant. Doedd hynny'n gwneud fawr o wahaniaeth imi o achos doeddwn i ddim wedi arfer â thempo gwahanol, a doedd y ffaith bod yr Almaenwyr yn rhwystro'r dinasyddion bron yn gyfan gwbl rhag teithio yn lluddias dim arna' i chwaith. Roedd Leuven wedi mynd mor anghyraeddadwy â Chaergystennin. Ond o'n hamgylch roedd ein tref ni ein hunain, ac roedd dod i'w hadnabod hi yn ei holl wahanol dymherau ac agweddau yn ddigon o antur ynddo'i hun. Gyrrai dyfodiad yr hwyr ni i mewn i'r tŷ a golau'r lamp, a dim ond dydd Sul oedd yn broblem.

Roeddwn i wedi llwyddo i'm rhyddhau fy hun yn ifanc o'r traddodiad o fynd am dro ar y Sul efo Mam, heibio i'r siopau mawr, a'r eglwys gadeiriol, a'r hen faerdy i lawr at yr afon a lifai'n llwyd ac unig o dan y cymylau isel, segur. Casáwn y crwydro defodol hwn a'm llethai'n llythrennol, ac a edrychai i mi bob amser fel dim mwy nag ildio i'r angen bwrdeisiol i'ch dangos eich hun ar y Sul yn anhyblyg ac anghysurus yn eich dillad gorau, er mwyn cael eich gweld gan nifer o gydnabod yn gwneud yn union yr un peth am yn union yr un rheswm. Yr hyn a'm cryfhaodd yn fy mhenderfyniad i beidio â chydymffurfio rhagor â'r ddefod hon oedd bod pob tro yn gorffen yn ddieithriad ag ymweliad â rhyw eglwys neu'i gilydd lle'r oedd Bendith hir yn cael ei dathlu. Y munud y clywn aroglau mwg y thus, y munud y deuwn yn ymwybodol o dincian y clychau mân, y canu, a holl firi ysblennydd allanol y gwasanaeth, a'r munud y teimlwn dywyllwch gormesol y pontydd gothig ugeiniau o lath-enni uwch fy mhen yn pwyso arnaf, awn i deimlo'n wrthryfelgar a chyfoglyd. A hyd yn oed i fyny yno yn y nenfwd lle'r oedd llinellau gothig y colofnau wedi eu torri a'u lliniaru gan siapiau'r cerfluniau baroc gwyngalchog—gwrthryfelwn hyd yn oed yn erbyn y rheini am fod yr holl sioe, yr holl drefn-rhyfel urddasol o effeithiau

13

artistig ac arogleuon syfrdanllyd, yn tueddu i ystrywio fy marn ac i gyffroi fy nghydwybod. Yn union fel yr ailddarganfu Pascal lyfrau cyntaf Ewclid felly y credwn innau, gyda balchder anhygoel, fy mod—ar fy mhen fy hun heb wybod dim am Brotestaniaeth—wedi darganfod athrawiaeth a oedd yn erbyn pob ymddangosiad allanol. Cymaint oedd fy nghasineb tuag at y pethau hyn nes imi lwyddo un Sul, diolch i don o fwg thus a chwifiwyd dan fy nhrwyn yn faleisus gan fachgen o weinyddwr, i gyffroi fy stumog, er mawr gywilydd i Mam. A'r digwyddiad hwnnw, fel coron ar fy nghyrch goddefol, a'i gwnaeth yn bosibl imi gael osgoi'r tro drwy'r dref a heibio i ffenestri'r siopau ar ddydd Sul. Dyna'r cam cyntaf tuag at ryddid, y rhyddid yr oeddwn wedi dyheu cyhyd amdano, er na wyddwn yn iawn beth i'w wneud ag ef yn y diwedd.

Roedd fy athrawon, a gadwai lygaid effro arnaf, wedi clywed rywfodd neu'i gilydd gymaint yr oeddwn yn casáu'r crwydro parchus. Dechreusant fy nhrin fel creadur bach annormal. Ni feddyliais am aros yn y tŷ ar bnawn Sul. Yn ein cylch ni fe edrychid ar chwaraeon fel gwaith y diafol—yn gweddu i ddihirod y strydoedd cefn yn unig. Fe'm gwaherddid hefyd rhag darllen gormod, achos 'wyddai neb sut fath o lyfrau y gallai bachgen gael gafael arnynt. Pwyswyd arnaf felly i dreulio pnawn Sul yn ddefnyddiol drwy fynd i weld y ffilmiau a ddangosid yn neuadd blwyf ein hardal dawel ni gan yr offeiriaid er lles yr ifanc. Dim ond unwaith cyn hynny roeddwn i wedi bod mewn sinema erioed, a deuthum allan y tro hwnnw â'm llygaid yn llosgi ac yn teimlo fy mod wedi gwastraffu f'amser braidd, gan na welais ond dynion tew efo mwstasys trwchus yn lluchio teisennau i wynebau ei gilydd ac yn tynnu'r ystumiau gwirionaf. Ond roedd pawb yn dweud bod sinema'r offeiriad yn wahanol, bod y ffilmiau a ddangosai yno yn addysgiadol ac yn ddifyr—yn wers ac yn fwynhad yr un pryd, ac at hynny fod cyfle i chwerthin yn iachus o bryd i'w gilydd. Roedd y pris yn rhad iawn, a phan ddywedais wrth Mam fod arnaf eisiau mynd yno, rhoddodd y swm angenrheidiol imi ar unwaith, ond glynodd at ei phenderfyniad i beidio â rhoi f'arian-poced imi. Doedd y ffordd yma o fyw ddim yn fy mhlesio o gwbl wrth gwrs, ond daliwn i obeithio y byddai hi'n edifarhau cyn bo hir, ac yn y cyfamser roeddwn i'n edrych ymlaen yn chwilfrydig iawn at weld y perfformiad. Doedd dim byd yn arbennig yn perthyn i'n hardal ni. Fel mater o ffaith, ardal ar bapur ac yn llygaid yr heddlu yn unig oedd hi. Roedd yna *rai* ardaloedd yn y dref ac iddynt eu cymeriad arbennig hwy eu hunain. Ardaloedd yr hen strydoedd a'r tai hynafol oedd y rheini, ardaloedd wedi cael amser i fagu traddodiad. Roedd hen arferion yn dal yn fyw yno a dywediadau lleol nad oedd neb ond y deiliaid yn deall eu hystyr. Roedd math o lên gwerin yn bodoli yn y cymdogaethau hyn. Ar gyrion y dref hefyd roedd rhai ardaloedd ar gael a chanddyn nhw eu cymeriad eu hunain, a'u ffordd eu hunain o fyw. Wedi eu gwahanu oddi wrth y canol pendefigaidd roedd y trigolion, yn hwyr neu'n hwyrach, i gyd yn dod yn ymwybodol o'u cydberthynas, yn enwedig yn nyddiau pryder a chaledi. Yn ein hardal ni, fodd bynnag, doedd yna neb ond bwrdeiswyr bychain yn byw, pobl ac arnyn nhw ofn digio pobl mwy ffodus na nhw pe baent yn rhoi gormod o bwyslais ar ddatblygu eu personoliaeth eu hunain. Hefyd doedd arnyn nhw ddim eisiau cael eu camgymryd am drigolion yr ardaloedd gwerinaidd a oedd yn hynod o annibynnol eu hysbryd. Dyna pam yr oedd ein hardal ni yn blwyf yn bennaf: doedd y masnachwyr byth yn meddwl am drefnu gwyliau lleol eu hunain, ond, yn hytrach, yn dibynnu ar yr eglwys ymhob mater cyhoeddus. Neuadd y plwyf, y llyfrgell, yr ysgolion—y rhain oedd canolfannau cymdeithasol bywyd y gymdogaeth. Ac uwchben y bywyd hwn teyrnasai'r eglwys, adeilad ysgafn, urddasol, wedi ei adeiladu heb lawer o chwaeth, ond eto yn lle golau a chyfeillgar yr olwg, heb yr oerni mynwentaidd a'r golau prudd a berthynai i hen gofgolofnau hybarch canol y dref. Teimlwn yn gartrefol yno, heb fyth brofi'r casineb cynhenid yr oedd yr hen demlau yn ei godi ynof. Roeddwn i wrth fy modd hefyd yn y llyfrgell, a bûm yn gweithio yno fel llyfrgellydd am gyfnod. Ond rhoddais y gorau i'r swydd hon yn y diwedd pan oeddwn wedi gorffen darllen yr holl lyfrau yr oedd modd i mi roi fy nwylo arnynt. Yr unig adeilad a osgown yn fwriadol oedd y neuadd gyngerdd. Pan oeddwn i'n blentyn bach cefais ran mewn pantomeim yno, ac—yn ôl pob golwg—chwaraeais fy rhan yn foddhaol yn yr ymarferiadau. Ond yn ystod y perfformiad cyhoeddus cyntaf tynnais fy marf i ffwrdd am fod y darnau capog yn fy nghos i'n ddidrugaredd. Collais y rhan. Pan ymddangosais ar gyfer yr ail berfformiad fe'm gyrrwyd adre yn garedig—ond yn bendant.

15

Cadwodd y profiad sarhaus hwn fi allan o'r neuadd am flynydd-oedd.

Gan nad oeddwn byth yn gwybod faint o'r gloch oedd hi cyr-haeddais yn hwyr wrth gwrs ar f'ymweliad cyntaf â'r sioe ffilm-iau. Baglais at sedd yn y tywyllwch, a thaflu'r sêt-blygu galed i lawr efo bang yn anfwriadol, a syrthio i lawr arni. Cyn i'm llygaid gael amser i arfer â'r tywyllwch a'r llun crynedig ar y llen, fe'm cernod-iwyd gan y cyfeiliant i'r ffilm. Un o hen ferched yr ardal—un o'r hen ferched hynny sydd ar gael bob amser ymhob ardal ar gyfer gweithiau da—oedd yn canu'r piano. Canai'n ddeallus a chydag egni, ac ar adegau addas hyd yn oed gyda theimlad. Roedd arna' i dipyn o ofn miwsig oherwydd gwyddwn y gallai fy symud yn ddir-fawr mewn rhyw ffordd ddirgel, a gwneud imi deimlo'n wan a thyner. Roedd Mam a'm hathrawon wedi bod yn fy rhybuddio'n erbyn y fath emosiynau ers blynyddoedd. Mewn ffordd annelwig roeddwn i fy hun hefyd yn ymwybodol fod yna berygl imi mewn popeth a'm cynhyrfai yn afresymegol, a sylweddolwn yn iawn fy mod yn fwy agored i'r bygythiadau hyn na phobl eraill. Ond roedd miwsig cyffrous, ysgafn Juffrouw Wouters yn gwbl ddiniwed: cyfeiliant di-dor yn dibynnu nid ar ddychymyg byrfyfyr ond yn hytrach ar y gallu i addasu arïau neu ddarnau o gerddoriaeth a oedd yn gweddu fwy neu lai i awyrgylch y ffilm. Gan nad oedd dim i'w weld ar y llen ar y pryd ond brwydr rhwng dau granc a edrychai mor fawr â dau eliffant caeais fy llygaid, oherwydd doedd gennyf mo'r diddordeb lleiaf mewn anifeiliaid, yn enwedig angenfilod anghyfarwydd. Sylwais bron yn syth fod y bianyddes yn chwarae *Le Lac de Come* (Llyn Como), *Poète et Paysan* a *La Prière d'une Vierge* fel cefndir i'r ffilm hon allan o'i *repertoire*, a'i bod hefyd yn defnyddio darnau o'r tri hoff gyfansoddiad hyn i addurno ei thrawsfudiadau. Aeth brwydr y crancod ymlaen ac ymlaen gan fynd yn fwyfwy brwnt, hyd y gallwn i weld drwy gil fy llygaid. Roeddwn i'n gorweddian ar y sedd a'm llygaid ar gau pan glywais ddrws y neuadd yn agor y tu ôl imi ac ar unwaith baglodd dau ffigwr heibio imi: dwy ferch yn ymbalfalu ar hyd y rhes. Yn llet-chwith yn ôl f'arfer, ceisiais afael yn fy het ond yr hyn a wneuthum oedd mynd ar ffordd yr ail ferch, ac fe faglodd honno dros fy nhraed a syrthio ar fy mhen gyda sgrech fer. Ar ôl i'r ddwy o'r diwedd eistedd i lawr—doedden nhw ddim wedi cymryd dim sylw

o'm holpio diymddiheuro i—dechreusant sibrwd â'i gilydd ar un-
waith yn frysiog. Yn ôl pob tebyg doedd ymgodymu'r crancod
ddim yn eu temtio nhw chwaith. Eisteddais yno yn lled-wrando
ond heb ddisgwyl clywed yr un gair call yn dod allan o'u pennau.
Gofynnodd un—yr hynaf hyd y gallwn i benderfynu yn nhywyll-
wch y neuadd—i'r llall a oedd yn eistedd wrth f'ymyl a oedd hi
erioed wedi bod yn gweld drama. 'Do, un waith, wythnos dwetha','
atebodd y ferch. 'Beth welaist ti?' gofynnodd y llall. 'Y Wraig
Noeth'. Pan atebodd fy nghymdoges, ar ôl petruso ennyd, teimlwn
fod yna elfen o feiddgarwch yn ei llais. Yn anochel daeth y
cwestiwn nesaf: 'Ymddangosodd hi'n noethlymun ar y llwyfan?'
A—braidd yn ddiamynedd—daeth yr ateb: 'Naddo siŵr!'

Fe'm synnwyd yn arw gan y sgwrs hon rhwng Annes, a oedd yn
eistedd nesaf ata' i, a'i ffrind Henriette—roeddwn i wedi clywed yr
enwau eisoes. Roedd clywed merch o'n hardal ni yn llefaru enw'r
ddrama hon—un Ffrangeg mae'n debyg—efo math o ymffrost yn
brofiad newydd iawn i mi. Roeddwn i wedi myfyrio'n hir dros
eiriau cynhyrfus yr hen ŵr yn *Faust*: 'Verweile doch, du bist so
schon. . . .' heb ddeall dim ar natur gymysglyd fy nheimladau. Yr
unig beth a wyddwn oedd bod gweld corff noeth gwraig yn rhyw-
beth a ddylai godi ofn ar ddyn, ofn nad oedd a wnelo ddim â chell-
weirio ysgafn anystyriol fy ffrindiau ysgol bydol. Cyn belled ag y
gallwn i ddeall roedd gwraig yn greadur yr oedd gŵr i ddynesu ati
mewn parchedig ofn, ac na ddylai gyffwrdd â hi ond mewn cyswllt
perffaith ddiwair, dirgelwch oedd yn dod â'r gorau mewn gŵr i'r
amlwg ond a allai, mewn ffordd gwbl annealladwy, droi'n rhyw-
beth erchyll iawn fel yr oedd bywyd y dref wedi ei ddysgu i mi.
Cefais fy nghodi i gredu bod pob perthynas gnawdol o angen-
rhaid yn beth drwg, yn ildiad i natur isaf dyn, a'r unig ffordd i
wneud iawn am hyn oedd drwy aberth a dioddefaint: dyna'r pris
roedd yn rhaid ei dalu am ildio i demtasiwn. Roedd yr Annes hon a
oedd yn eistedd wrth f'ymyl â'i phenelin yn cyffwrdd â f'un i o bryd
i'w gilydd—fe'i tynnai yn ôl ar unwaith—yn peri penbleth imi. Yn
araf deg yn y tywyllwch dechreuais ganfod amlinelliad ei
hwynepryd; roedd hi'n llai na mi o gryn dipyn, ac o leiaf flwyddyn
yn iau. Tybiais mai gwallt melyn oedd ganddi, a llygaid glas.
Doedd ei hwyneb ddim yn arbennig o dlws, ond roedd o'n un
rheolaidd iawn, ac roedd ganddi dalcen crwn—'run fath â llawer

o'n merched ni—talcen a'm hatgoffai am Fadonnau cyntefig ein hysgol arlunwyr. Pan drois fy mhen, gan gogio fy mod yn gweld rhywbeth yn y neuadd, sylwais fod ganddi ddwy blethen hir, a'i bod yn gwisgo het fach drionglog am ei phen, het rywfaint yn rhy drwm i'w hwyneb bach eiddil. Edrychai ei cheg i mi yn un benderfynol, ond bychan, a llinell ei gên yn bur a chymesur. Roedd yr amryfal lyfrau y bûm yn eu darllen wedi dysgu imi fod yn rhaid i'r trwyn delfrydol fod yn un Groegaidd, ac roeddwn i eisoes wedi treulio blynyddoedd lawer yn chwilio yn ofer am drwyn o'r fath: dim ond unwaith y gwelais i un y gellid dweud amdano ei fod rywbeth yn debyg i'r hyn roeddwn i'n chwilio amdano, a thrwyn oedd hwnnw yn perthyn i baffiwr wedi ei gam-drin gan ei wrthwynebydd. Nis hoffais. Felly doedd y ffaith fod gan Annes drwyn go fawr, ychydig yn gam, trwyn a roddai gadernid i'w hwyneb, yn poeni dim arna' i.

Pan oedd brwydr hir y crancod o'r diwedd wedi dirwyn i ben—roedd carlamu canu ysgeler Juffrouw Wouters ar y piano yn rhagfynegi hyn—daeth y goleuadau ymlaen unwaith eto ac fe gerddodd pawb allan am yr egwyl. Cerddai'r bechgyn a'r merched, yn gydwybodol ar wahân i ddechrau, hyd faes chwarae'r ysgol. Roedd rhes o goed poplys yn tyfu ar hyd un ochr iddo, tai-bach yn y cefn, a'r ystafelloedd dosbarth ar y ddwy ochr arall. Cwrddais ag un neu ddau o'm ffrindiau ysgol, a cherddais i fyny ac i lawr y maes chwarae yn eu cwmni. Dydw i erioed wedi bod yn un am siarad llawer yng nghwmni dynion ac yma eto cydgerddwr distaw oeddwn i. Armand de Vos a siaradai fwyaf, fel bob amser. Llabwst o fachgen tal oedd Armand, wedi saethu i fyny, ei wyneb yn llawn brychni a'i wallt yn tyfu i lawr at ei war. Gallai siarad am bopeth a dim. Doedd y crancod ddim wedi difyrru fawr arno fo chwaith a dechreuodd ddweud hanes rhyw ffilm serch yr oedd wedi bod yn ei gweld yn y dref lle'r oedd actores hynod o brydferth wedi rhoi cusan i'r arwr a barodd am hydoedd. Tramgwyddodd y disgrifiad a ddilynodd yn ddwfn ar fy sensitifrwydd a llusgais yn llipa y tu ôl i'r lleill. Tuag at ddiwedd yr egwyl daethom ar draws grŵp o bump o ferched yn gwichian chwerthin yn wirion efo'i gilydd, a Henriette ac Annes yn eu plith. Doeddwn i erioed wedi sylwi ar yr un o'r cwmni o'r blaen oherwydd tueddwn i gerdded o gwmpas â 'mhen mewn llyfr. Stopiodd De Vos nhw a'n cyflwyno ni i gyd iddyn nhw

18

efo llawer o gellwair. Cyfarchasom ein gilydd yn ddigon llet-chwith: rwy'n cofio imi glywed yn aneglur mai De Muynck oedd cyfenw Annes, a Van Damme oedd cyfenw Henriette. Gafaelais yn rhy hir yn llaw Annes, llaw arbennig o fechan, a chlaear iawn. Edrychais yn ei hwyneb, ond trodd ei phen yn nerfus a dweud rhywbeth wrth Henriette a safai yno yn edrych yn ddirmygus arnom. Edrychais i lawr a sylwi mor dlodaidd eu dillad oedd y ddwy. Roedd blynyddoedd y rhyfel yn ôl pob golwg wedi effeithio ar eu teuluoedd hwythau hefyd. Roedd Annes yn gwisgo côt wedi ei gwneud o ddefnydd trwchus, garw, ac roedd yn llawer rhy fawr iddi. Er mwyn ceisio gwella siâp y dilledyn roedd hi wedi gwthio'i dwylo i mewn i'r pocedi nes tynnu'r defnydd yn dynn dros ei chorff ac felly ei ffurfio'n bletiau dwfn. Sylwais hefyd fod y gôt wedi ei throi o chwith, 'run fath â'm siaced a'm côt fawr innau. Roedd fy nillad i gyd wedi eu troi o chwith, ac roedd yn gas gennyf feddwl bod pobl yn gweld bod y boced a ddylasai fod ar yr ochr chwith i'r frest ar yr ochr dde. Pethau bychain fel'na sy'n poeni'r ifanc. Ni fyddwn yn gofidio rhyw lawer fel arfer am y pethau hyn am fod cynifer o'm cyfeillion yn yr un sefyllfa yn union, ond ar y funud honno treiddiodd y peth i mewn i'm pen yn boenus o finiog. Roeddwn i'n teimlo'n israddol am na wyddwn sut i ddechrau sgwrs, neu sut i adrodd y jôc angenrheidiol fel rhyw fath o rag-ymadrodd, pan ganodd y gloch i'n galw'n ein holau i mewn. Brysiodd y merched i mewn i'r neuadd. Dilynais innau nhw a mynd i eistedd yn yr un sêt. Ai ar hap ynteu o fwriad y cefais Henriette yn eistedd nesa' ataf yn lle Annes rŵan? Doedd fy meddwl ddim ar y ffilm a ddilynodd—ffilm am gyflwr a phrob-lemau Indiaid Periw. Pan ymddangosai praidd o lamaiaid ar y llen tinciai Juffrouw Wouters yn ysgafn ar y piano gan daro nodyn amhersain hyd yn oed pan boerai un ohonyn nhw yn annisgwyl i gyfeiriad ei fugail.

Rwy'n cofio darllen yn rhywle unwaith fod cariad yn dechrau yn y stumog. Dichon mai wedi derbyn un o wirebau dirmygus y Ffrancod yn rhy lythrennol yr oeddwn—y wireb sy'n honni mai trwy gyfrwng ei fol y mae gwraig yn cadw gŵr—ond beth bynnag am hynny dechreuais deimlo'n wirioneddol sâl am fod Annes yn eistedd ddau le i ffwrdd ac am fy mod innau wedi syrthio mewn cariad â hi mewn cyn lleied o funudau, a heb syniad sut i gyfleu hyn iddi ar ôl ei hadnabod mewn amser mor fyr ac ar ôl yr ychydig eiriau herciog a disynnwyr ar fy rhan. Ar ddiwedd y perfformiad roedd yna stŵr mawr a gwelais het drionglog Annes yn diflannu y tu ôl i'r eglwys.

III

Llanc ifanc 'styfnig, crach-ysgolheigaidd a mewnblyg oeddwn i yn y dyddiau hynny. Fe ddywedodd un o ffrindiau'r teulu wrth Mam unwaith, dyn oedd wedi bod yn cadw llygad arna' i oddi ar fy llwyddiannau cyntaf yn yr ysgol: 'Dydi o ddim yn ym-ffrostgar—dim ond yn berchen ar y math o falchder a all fynd â fo ymhell neu ei ddistrywio'n gyfan gwbl.' Ar hap y digwyddais ei glywed yn dweud hyn, geiriau a swniai i'm clustiau i fel oracl yn llefaru. Myfyriais yn hir ar y rhan gyntaf a dod i'r casgliad nad oedd yn wir. Teimlwn y dylwn gael dillad da i'w gwisgo ond roedd y rhyfel yn gorfodi Mam i fod yn gynnil iawn a minnau o ganlyniad yn gorfod cerdded o gwmpas mewn dillad wedi eu troi o chwith, côt fawr na allwn ei botymu o'r braidd, a het ac iddi ymyl lydan yn gwneud imi edrych fel un o ddisgyblion yr Ysgol Gelf. Doedd y ffaith olaf hyn yn poeni fawr arna' i achos roeddwn i wedi prynu tei *Lavalière* a wnâi imi edrych yn bur artistig. Roedd dwy o'm cerddi am natur a'r Afon Schelde wedi ymddangos mewn cylch-grawn myfyrwyr ac edrychwn ymlaen felly at yrfa lenyddol. Roedd f'ymddygiad, a'm ffordd o edrych ar fywyd, yn f'ynysu oddi wrth fy nghyd-fyfyrwyr, neu yn hytrach yn ei gwneud yn haws iddyn nhw fy ngadael ar fy mhen fy hun. Roedd pawb yn f'osgoi, yn credu fy mod yn wrthgymdeithasol. Gartref gofalai Mam nad oeddwn yn gorfod gwneud dim ond astudio, ac ymfalchïai yn y ffaith nad oedd raid imi byth wneud gwaith tŷ o unrhyw fath. Felly roeddwn i'n medru cadw fy meddwl yn gyfan gwbl ar bethau'r ysbryd, ac o'r diwedd fe gollodd popeth materol ei bwysigrwydd imi. Er mawr boen i Mam byddwn yn darllen wrth fwyta. Gwelai fai mawr arna' i am hyn, nid yn gymaint am ei bod yn edrych ar yr arfer fel anghwrteisi ond yn hytrach am ei bod yn ystyried bod hyn yn beth afiach i'w wneud. Doedd hi'n gweld dim pwrpas o gwbl mewn mân-siarad a doedd arni ddim eisiau trafod pethau pwysicach efo mi. Byddai'n ymddiried ei phroblemau i'w brawd hynaf, a ddeuai i'n gweld yn rheolaidd i roi cyngor a chymorth iddi. Fe'm synnwyd y tu hwnt sut yr oedd rhai o'm cyd-fyfyrwyr yn medru gwario eu harian ar fwyd, gan ddewis a dethol yn ofalus a rhoi pwys mawr ar hynny yn ôl pob golwg. Yn nes ymlaen fe fûm i fyw am flwyddyn gron ar ddim ond siocled, bara, a llefrith a theimlo'n berffaith iach. Felly pan gwrddais ag Annes doedd gennyf ddim diddordeb o gwbl mewn pethau materol. Roeddwn i'n llawn nwyd, yn barod am y serch mawr ac i gyflawni gweithredoedd pwysig, fel yna y siaradwn â mi fy hun yn rhwysgfawr. Roeddwn i'n anystyriol, byth yn meddwl dim am y dyfodol: gwelaf hynny'n glir rŵan. Dim ond am yr heddiw pur a chrisialaidd. Rwy'n cofio offeiriad y plwy yn dod i'm gweld ar ôl salwch hir a phoenus a oedd wedi achosi imi fynd yn enbyd o denau. Edrychodd arna' i mewn syndod, a dweud, megis wrtho'i hun: 'Rwyt ti'n hardd . . .' Ond ar unwaith ychwanegodd, gan gyfeirio ei eiriau at Mam y tro hwn: 'Enaid hardd.' Ni chefais fy ngalw'n hardd gan neb byth wedyn: mae fy llygaid yn rhy ddwfn yn fy mhen, fy nghlustiau'n ymestyn allan yn rhy bell, a'm ceg braidd ar ogwydd. Deallais beth oedd ym meddwl yr offeiriad pan edrychais yn slei yn fy nrych poced ar ôl iddo fynd a gweld fy llygaid, a'r dwymyn yn dal ynddynt, yn llosgi'n ddirgel. Yr unig beth oedd yn hardd ynddyn nhw oedd yr angen am ehangder, am bethau a digwyddiadau yn bodoli y tu allan i batrwm sefydlog fy mywyd bach tawel a chul i. Roeddwn i wrthi'n darllen 'Bywydau' Plutarch ar y pryd, ac yn gwybod bod Alecsander wedi concro'r byd yn ugain oed. Doedd gennyf ddim llawer mwy o amser, meddwn wrth fy hun. Roeddwn i'n barod am rywbeth mawr, rhywbeth a ddeuai â llawenydd echrydus imi ac efallai hefyd dristwch diddiwedd. 'Allwn i ddim dychmygu pa ffurf y byddai hyn yn ei gymryd. Meddyliwn weithiau: rydw i'n mynd i fod yn sant. Ac wedyn: na, ellyll fydda' i. Ac fe barai hyn imi feddwl am Don Juan arwraidd Mozart a allai ddal i ddatgan hyd ddiwedd ei fywyd afrwydd: 'A torto di vilate tacciato mai saro' . . . 'ond ni chaiff defnyn o lwfrdra byth fy halogi.' Rhwng y ddau eithaf hyn—y sant sy'n medru dweud 'Na' bob amser wrth bopeth y mae'r byd yn ei gynnig iddo, a'r temtiwr sy'n defnyddio'r dulliau mwyaf ffiaidd i orfodi'r sawl sy'n ceisio ei wrthsefyll i ildio iddo, nid oedd dim gofod yn bosibl hyd y gwelwn i. Roedd popeth rhwng y ddau eithaf yn gwbl israddol ac felly yn ddim.

Pan sylweddolais nad oedd Annes, unwaith yr oeddwn i wedi cyfarfod â hi, byth allan o'm meddwl, a'm bod i yn wir yn meddwl amdani am oriau maith, cefais fraw. 'Allwn i ddim anghofio'r sgwrs fer a glywais pan ddywedodd hi enw drama Henri Bataille, a defnyddiais hyn fel arf i reoli fy nheimladau. Doedd merch oedd yn siarad fel'na ddim yn berson addas i ddod i'w hadnabod yn well. Ond gwnâi hynny imi deimlo'n anesmwyth ac ansicr. A chofiwn wedyn am yr ychydig eiriau yr oeddem wedi eu cyfnewid, am ei llais cryg, a'r ffordd y plygai ei phen wrth siarad ac edrych yn syth i lawr at flaenau'i hesgidiau; neu gwelwn sut y taflai ei phen yn ôl yn sydyn nes bod yr het fach drionglog yn ffurfio ffrâm ddel o amgylch ei hwyneb, a chlywed ei chwerthin ysgafn. Doedd dim crygni yn y chwerthin, ond doedd dim llawer o sŵn ynddo chwaith. Doedd hi ddim yn debyg i'r merched eraill roeddwn i'n eu hadnabod, merched oedd yn bregliach siarad ac yn tynnu stumiau drwy'r amser wrth geisio creu argraff ar y bechgyn roedden nhw'n eu cwrdd. Roedd hi'n wahanol, roedd hi'n amheuthun. Annes oedd hi. Fy chwaer fach farw. 'Wn i ddim sut y deuthum i gyfnewid y ferch fyw am y plentyn marw yn fy mhen. Yr enw yn unig? Roeddwn i'n byw ar y pryd mewn awyrgylch lle nad oedd dim ond yr annormal yn ymddangos yn naturiol ac yn amlwg imi. Ymbalfalwn mewn byd dirgel a oedd yn gwbl ddieithr i mi. A beth oedd i'm rhwystro rhag credu mai ffawd oedd wedi trefnu i'm gosod i eistedd nesaf at Annes, merch oedd yn wahanol i bob merch arall ac yn ymddangos i mi yn awr yn sydyn ac yn ddi-ymwad fel neges dyngedfennol o'r wlad bell honno nad oeddwn eto wedi ei throedio? Diolchais i'r drefn ein bod wedi cwrdd â'n gilydd mewn ffordd mor gyffredin.

Roedd fy nghyfeillion yn cael pob math o brofiadau diddorol a gwyddent i'r dim sut i ddechrau sgwrs efo rhyw jôc aflednais neu'i gilydd. Doedd gennyf fi ddim crap ar bethau felly. Ond o leiaf pan welwn i Annes eto gallwn ddechrau trwy siarad am y ffilm wirion am y crancod. Roeddwn i wedi cwrdd â hi yn y tywyllwch. Yn y tywyllwch hefyd, meddwn wrthyf fy hun, yr oeddwn i wedi dilyn fy chwaer fach Annes yng nghroth fy mam. Roeddwn i wedi holi cymaint am hyn oll nes o'r diwedd gael ar ddeall imi gael fy ngeni un mis ar ddeg ar ôl fy chwaer Annes. Ac er na wyddwn i ddim byd am yr hyn a ddigwyddai rhwng gŵr a gwraig, eto roeddwn i'n sylweddoli mai drwy fy nhad y cefais fy ngalw allan o anfodolaeth fel cymod a chysur am y gofid mawr hwn. A oedd Mam wedi beichiogi ohonof mewn dagrau? Gyda'r nos, yn eistedd yng ngolau'r lamp, a Mam yn gwau, byddwn yn meddwl dros hyn i gyd ac yn teimlo'n euog yn aml—fel pe bawn wedi cyflawni rhyw bechod mawr. Ond roeddwn i o leiaf wedi fy rhyddhau fy hunan i raddau helaeth oddi wrth y safonau traddodiadol: gwrthodwn ddefnyddio ymadroddion megis 'angel fach yn y nefoedd' a 'dydi'r Arglwydd byth yn cleisio heb eneinio wedyn' yr oedd pobl o'n dosbarth ni yn eu defnyddio wrth gydymdeimlo â rhieni oedd wedi colli plentyn.

Roedd arna' i ofn weithiau fod Mam yn medru darllen fy meddyliau, ac fe'm·gwelwn fy hunan yn sefyll o'i blaen yn noethlymun megis mewn hunllef yng nghywilydd fy meddyliau anweddus. I ddweud y gwir roedd y meddyliau hyn a oedd yn meddiannu fy meddwl ers talwm iawn yn rhai cwbl ddiniwed; roeddwn i wedi fy nghadw fy hun gymaint ar wahân yn yr ysgol rhag ofn clywed siarad diflas ac aflednais fy nghyd-ddisgyblion, ac roedd y llyfrau dyrchafol roeddwn yn eu darllen wedi dylanwadu cymaint ar fy meddwl nes bod gennyf syniadau aruchel iawn, mi dybiaf, o'u cymharu â bechgyn eraill. Flynyddoedd yn ddiweddarach darganfûm yr un math o ddiniweidrwydd ynof fy hun o hyd pan ddywedodd merch wrthyf yn hollol ddiffwdan: 'Cefais fy nghreu yn Amsterdam ond fy ngeni ym Mharis.' A dyna pryd y deallais pam y mae'r Sineiaid a dwyreinwyr eraill yn ystyried bod pawb tua blwyddyn yn hŷn na'n cyfrif ni am eu bod yn rhifo oedran dyn wrth y feichiogaeth ac nid wrth y geni. Roeddwn i'n byw felly mewn byd unig o feddyliau cyfrinachol na fedrwn ymddiried yr allwedd i neb. Roedd gennyf ryw un cyfaill amheus y gellir dweud amdano efallai ei fod wedi cael dylanwad ar fy syniadau. Bachgen emosiynol iawn ydoedd, wedi cael hyd yn sydyn, yn bedair ar ddeg oed, i lyfr ar fywydeg ac ynddo luniau coch a lliw-cnawd arswydus. Roedd y trawsluniau o ferched beichiog, y diagramau manwl o ffoetysau yn eu gwahanol gyflyrau o ddatblygu wedi ei ddychryn gymaint nes iddo ddechrau casáu ei rieni. Trois fy mhen pan ofynnodd imi, a'i lais yn crynu, y cwestiwn rhethregol hwn: 'Pam y cefais i fy ngeni?' A chyn imi fedru dechrau rhoi'r ateb: 'Drwy ewyllys Duw . . .' rhoddodd ei ateb ei hun imi, ateb mor aflednais ac mor anghyfiawn nes iddo fy nychryn, ond 'fedrwn i ddim deall o gwbl pam yı oedd yn dirmygu ei dad am ei fod ef, Alfred, wedi dod i fodolaeth allan o orfoledd disymwth y coetws, ac allan o feichiogrwydd ofnus ei fam. Yn rhagdybio y byddai fy niniweidrwydd yn cael ei halogi cyn bo hir gan realaeth bywyd ysgrifennais un o benillion Gezelle ar fy llyfrau:

Had ik al de schatten van de wereld, ik
Gaf ze voor een kinderharte geerne, ik.

Ni allwn, neu ni fynnwn, ddyfalu beth oedd yn debyg o ddigwydd rhwng Annes a minnau. Byddwn yn arfer mynd am dro ar ddyddiau gŵyl weithiau ar hyd y stryd fawr efo Alfred. Byddai dwsinau o barau ifainc wrthi'n gwneud yr un peth, wedi gwisgo amdanynt yn eu dillad Sul, a'r gwragedd, mewn esgidiau rhy fychan iddyn nhw, yn gwthio coetsys bach costus. Y gwŷr yn ysmygu sigarennau mawr, yn ceisio cymryd arnynt mai ar hap yr oedden nhw'n digwydd cerdded efo'u gwragedd, a oedd yn llygadu ffenestri'r siopau dillad wrth fynd heibio—heb feiddio aros i edrych yn iawn. Roedd ef wedi dweud wrthyf mor arswydus y gwelai ef ddyfodol o'r fath. Tynnai lun caricaturaidd o'r bywyd bwrdeisiol hwn â geiriau sarhaus. Stopiai weithiau yn sydyn ar y pafin i amneidio'n wyllt ac i bwyntio at y parau priod digyffro oedd yn cerdded heibio efo'u hepil a gweiddi'n theatraidd: 'Oes raid i hyn ddigwydd? Fyddan nhw'n dal i grwydro fel hyn, genhedlaeth ar ôl cenhedlaeth? Ydyn nhw wedi bod wrthi'n crwydro i fyny ac i lawr y stryd hon er y bedwaredd ganrif ar ddeg?' Wrth wrando arno'n siarad fel yna, mewn ffordd mor gyffrous a gwyllt, roedd yn anodd imi gael gair i mewn i ddweud bod hapusrwydd y ddynolryw yn ôl pob tebyg yn dibynnu ar y teulu ac nad oedd dim eisiau iddo gynddeiriogi wrth edrych ar y bobl hyn yn mynd allan am dro yn yr awyr iach ar hyd y stryd-siopau brydferthaf hon ar ôl wythnos o weithio caled. Ond rebel oedd Alfred, nihilydd. Cyffroid ei gasineb tuag at y byd a'i bethau gan elfennau crefyddol: byddai'n hathrawon yn wir yn ein rhybuddio byth a beunydd mewn geiriau amwys ond bygythiol yn erbyn 'y byd a'i bethau', a hyn wrth gwrs yn cynnwys 'y cnawd' hefyd. Maes llawn o berygl a llygredd ydoedd hwn, ac roedd Alfred wedi darganfod, drwy gyfrwng ei ddarllen cyn-amserol, fod ei aelwyd ef ei hun yn wir wedi ei seilio ar warth anhraethadwy y weithred rywiol. Ceisiodd greu disgybl ohonof i er mwyn i ni, gyda'n gilydd, fedru dianc rhag ffordd o fyw nad oedd ganddo ddim i'w gynnig, yn ôl pob golwg, ond amwyster gwrthun a bodlonrwydd bwrdeisiol. Daethai i ddatgan wrthyf, mewn buddugoliaeth chwerw, mor ddeifiol o boenus y gallai esgor ar blentyn fod, diweddglo—y coroni megis—ar yr holl ochneidio 'na yng ngolau'r lleuad, yr holl delori a llyfu yr oedd cymaint o ysgrifennu ac o siarad amdano, hyd yn oed yn 'ein cylchoedd personol ni ein hunain. Gwrandewais arno, y Rolant ffyrnig, heb ddweud gair o 'mhen, oherwydd doedd dim angen ateb arno, ar wahân i ambell ebychiad byr. Yr hyn yr oedd arno ei eisiau oedd rhywun i wrando arno, ac roedd wedi darganfod hwnnw ynof i. Doedd ei holl orffwylltra, ei iaith a âi'n fwyfwy anweddus wrth iddo gynddeiriogi, yn poeni dim arnaf, doedd ei fryntni ef ddim o'r un lefel o ffieidd-dra â'm ffrindiau ysgol. Iddo ef roedd aflendid yn rhywbeth arswydus iawn, ond iddyn nhw yn rhywbeth i ymhyfrydu ynddo. Defnyddiai Alfred fryntni i'w halogi ei hun megis, i'w arteithio ei hun. Gallwn gyd-fynd ag ef cyn belled â hyn, sef nad oedd arnaf eisiau dim i'w wneud â thechneg fas y praidd cyffredin a'm bod am fy nghadw fy hun yn lân ar gyfer pethau uwch a phurach, yn barod i addoli'r wraig fel yr oedd marchogion yr Oesoedd Canol cynnar gynt yn ei wneud.

Ni fynnwn, neu ni feiddiwn, sôn dim wrth Alfred am Annes, a'r modd yr oedd ei chyfarfod hi wedi fy nghyffroi. Gwyddwn yn iawn y byddai'n siŵr o gyhuddo'r ferch ddieithr hon o bob math o fwriadau drwg ac aflednais. A phe bawn i wedi dweud wrtho am y sgwrs fer honno am 'Y Wraig Noeth' byddai wedi darganfod digon o faeth yn hynny i'm perswadio i ffarwelio ag Annes am byth. Wrth feddwl am y dyfodol teimlwn yn sicr fod fy mherthynas ag Annes yn mynd i'm gwahanu'n gyfan gwbl oddi wrth gyfeillgarwch fy rhyw fy hun.

Cerddais unwaith neu ddwy heibio i'w thŷ hi gan obeithio cyfarfod â hi, ond yn ofer. Tyfai f'anesmwythyd a'm haflonyddwch gan fod fy nghalon yn dechrau curo'n wyllt a'm gwddw'n mynd yn sych, bob tro yr awn i'w stryd hi yn y gobaith o'i gweld. Yr unig droeon eraill y cefais y profiad hwn oedd ar yr adegau hynny pan oeddwn ar fin cyflawni rhyw drosedd neu'i gilydd a minnau'n blentyn ac yn petruso ar y funud olaf. Mewn syndod ac ofn deuthum i sylweddoli bod fy nheimladau tuag at Annes yn gallu fy nychu i waelod fy modolaeth. Pa sawl gwaith y bûm yn chwerthin am ben poenau serch efo Alfred, ac am ben ochneidio a chwyno cariadon serchog ar gardiau post neu mewn baledi; yn awr cefais ddarganfod drosof fy hun sut yr oedd hyd yn oed ddechrau cyntaf serch yn gallu fy nghynhyrfu a'm gwneud yn wir yn gorfforol sâl. Roeddwn i ar dân i weld Annes eto er mwyn i'r gwylltineb a'r poen hwn ddiflannu ac i heddwch a hapusrwydd gymryd eu lle.

IV

Gwelais Annes eto ar ôl rhyw wythnos. Gyda chyfrwystra'r ifanc mewn cariad llwyddais i'w hysgaru oddi wrth ei ffrind Henriette, a chael eistedd wrth ei hymyl yn rhes gefn y seti caled yn sinema'r plwyf. Yn y cylchgronau wythnosol parchus y byddai Mam yn eu prynu'n gydwybodol, roeddwn i wedi darllen nifer helaeth o storïau sentimental lle'r oedd llawer o sôn am 'gariad llo', a chan sylweddoli y gallai'r ymadrodd gwirion hwn fod yn ddisgrifiad addas ohono' i fy hun dechreuais deimlo'n flin, yn aflonydd, ac yn gaeth. Wedi fy ngeni a'm magu yn y dref, o'r bron y gwyddwn i beth *oedd* llo, ond deallais nad geirda mo'r ymadrodd. Eisteddais yno wrth ymyl Annes yn gwybod nad oedd tywyllwch yr ystafell, na'r ffilm oedd yn rhowlio allan o'n blaenau, yn ddigon o esgus dros fy nistawrwydd cynhyrfus. Dylaswn fod yn llon a ffraeth. Dylaswn sibrwd un neu ddau o sylwadau clyfar yn ei chlust, ac felly drwy gellwair ddechrau perthynas â hi a fyddai'n rheoli fy mywyd o ddifrif calon o hynny ymlaen. Mae pobl wedi chwerthin digon am ben 'cariad llo' llanciau dwy ar bymtheg oed, ond rydw i'n gwybod bod y profiad cyntaf o'r grym tywyll hwn sy'n mynd i reoli'n bywydau o hynny ymlaen, yn rhoi i'r llanc am ennyd fach ddealltwriaeth a chraffter na chaiff byth mo'u profi wedyn. Eisteddai Annes yno wrth f'ymyl yn stiff a chefnsyth, yn syllu'n wargaled ar y llen; ond teimlwn nad oedd hi ddim yn gweld beth oedd yn digwydd yn y llun a'i bod hi'n gwybod hefyd sut yr oedd fy meddwl innau yn crwydro. Pe bai'r ffilm wedi torri i lawr y funud honno, a'r goleuadau wedi dod ymlaen yn sydyn, byddai hynny wedi bod yn ddigon i newid cyfeiriad fy mywyd am byth. Llwyddais i'm gweld fy hun yn ddwbl megis. Yn fy meddwl gwelais y person yr oeddwn wythnos ynghynt, ac yna y person yr oeddwn yn awr, yn eistedd yno, yn teimlo rhyw ofn annelwig ac yn dyheu mewn ffordd fwy annelwig eto am bethau anhysbys a bygythiol.

Heb y canllaw hwn, y gymnastig ysbrydol truan hyn, i'm cadw'n brysur, byddwn wedi rhedeg i ffwrdd. Daliais i eistedd yno felly, yng ngwyll yr ystafell, heb sylweddoli na allwn ddianc rhag fy nhynged bellach, a heb wybod pa un ai at fawredd ynteu at fychander yr arweiniai hyn fi. Teimlwn fod rhywbeth pwysig yn digwydd imi am y tro cyntaf yn fy mywyd, a chrynais. Symudwn i ffwrdd yn nerfus bob tro y teimlwn fraich neu benelin Annes yn fy nghyffwrdd, gan f'esgusodi fy hun gynifer o weithiau yn ddiangen nes ein bod ein dau o'r diwedd yn eistedd mor bell i ffwrdd oddi wrth ein gilydd ag yr oedd modd, y naill yn gwyro i'r chwith a'r llall i'r dde gan bwyso ar freichiau'r seti caled.

Pan ddaeth yn egwyl, a'r gynulleidfa'n tyrru allan yn swnllyd, gwelais ei bod yn glawio. Cerddasom i fyny ac i lawr y dramwyfa lydan a oedd yn arwain at y stryd, a sefyll wrth y drws o'r diwedd yn edrych allan ar y glaw. Yn union gyferbyn â ni roedd yr eglwys, a oedd yn dywyll cyn gwasanaeth y Fendith ac a edrychai'n drist rŵan. Daeth teimlad o ddiymadferthedd anhygoel drosof. Diflastod pnawn Sul, yn cael ei gryfhau gan y glaw digalon a'r awyr gymylog lwyd. Safai Annes yno yn ddistaw wrth f'ymyl. Pan edrychwn yn slei o bryd i'w gilydd ar ei hwyneb bychan, credwn wrth yr olwg arni nad oedd hi'n gwybod dim am y teimladau annifyr oedd yn fy mhoeni i, ond ei bod hi'n edrych yn fodlon a bron yn llawen. Roedd conglau clir ei cheg yn crynu dipyn, mewn ffordd braidd yn wawdus. Mae'n rhaid ein bod wedi sefyll yno yn y glaw yn hir oherwydd mi sylweddolais yn sydyn fod y sŵn yn y cyntedd wedi distewi, a phawb wedi mynd yn eu holau i mewn i'r neuadd.

Gofynnais i Annes a oedd arni eisiau mynd nôl i mewn. Cododd ei phen i edrych arnaf—fel aderyn bach yn yfed, meddyliais—a dweud: 'Fyddai'n well gen i fynd am dro yn y glaw.' Aethom allan. Roedd y glaw mân, a'r niwl yn chwythu o'n hamgylch. Teimlwn yn ysgafngalon, a dechreuais siarad. Gwrandawodd Annes. Dechreuais wneud hwyl am ben ffilmiau addysgedig y sinema yma. Cyfaddefodd Annes nad oedd ganddi hi chwaith ddim diddordeb mewn crancod. Roedd y ffyrdd, a oedd bron yn gwbl wag, yn disgleirio. Clywsom sŵn ambell dram yn cloncian yn y pellter, a chloc eglwys weithiau. Crwydrasom drwy'r dreflan farwaidd lle'r oedd glaswellt hyd yn oed yn tyfu rhwng cerrig y stryd, a'r unig

29

arwydd o fywyd oedd y sŵn a ddeuai allan o ambell dafarn neu ganiad cloch siop rhyw bobydd. Dywedodd Annes hanes ei ffrindiau a'i hathrawesau wrthyf, yn gellweirus—manylion bach pitw a minnau'n gwrando arni fel pe bai'n dweud rhywbeth o bwys mawr wrthyf. Roedd yr hyn a oedd gennyf innau i'w ddweud yn llawn mor ddiniwed a dibwys. Gwyddwn, fodd bynnag, nad oedd hyn yn ddim ond agorawd, ffordd hir o amgylch yr hyn a deimlwn yn fy nghalon, a chredais imi synhwyro mai symud mewn cylchoedd o amgylch y cnewyllyn roedd Annes hefyd, cnewyllyn na feiddiai'r un ohonom nesu ato. Rydw i wedi dŵad cyn belled â hyn, beth bynnag, meddwn wrthyf fy hun yn falch, rydan ni'n medru siarad efo'n gilydd a chellwair. Ac roeddwn i hefyd yn cael y cyfle i ddangos iddi nad oeddwn i 'run fath â'm cyd-ddisgyblion yn yr ysgol, na feddylient am ddim ond am bethau nad oedd a wnelo â'r ysbryd. Wrth geisio cyfleu hyn iddi fodd bynnag, gwelaf, wrth edrych yn ôl, fy mod i'n eithaf gwylaidd ar y pryd am nad oeddwn i ddim wedi dechrau deall ystyr y *bric-a-brac* oedd wedi ei bentyrru yn fy mhen drwy'r llenyddiaeth ormodol a di-drefn yr oeddwn yn ei darllen. Roeddwn i'n lwcus imi ddarganfod yn Annes ferch a oedd yn barod i wrando, ac nid un o'r rhai hynny sy'n ceisio cuddio a choncro'u hanesmwythder bob amser drwy siarad gormod, a gorfodi'r dyn i chwarae rhan gwrandawr. Ar ôl awr o grwydro yn y glaw mân roeddem ni'n ein holau fwy neu lai wrth ein man-cychwyn. Gofynnodd Annes imi a hoffwn i fynd adre efo hi. Plesiodd y gwahoddiad hwn fi, ond gwnaeth imi deimlo'n anghysurus yr un pryd. Roeddwn i'n ofnadwy o swil mewn cwmni, ac roedd meddwl am orfod cwrdd â'i theulu, a gweld yr olwg eironig ar eu hwynebau, ac efallai hefyd orfod gwrando ar eu sylwadau sarcastig, yn fy nychryn. Ond sut i wrthod heb ei brifo hi? Sut y gallwn i wrthod heb golli cyfle i ddod i'w hadnabod yn well?

Athro mewn ysgol blwyf oedd tad Annes, dyn wedi codi teulu o chwech o blant gydag ymroddiad Cristnogol, gan frwydro'n arwrol, flwyddyn ar ôl blwyddyn, yn erbyn tlodi. Fel braint a ffafr arbennig roedd ei weddw yn cael dal i fyw mewn tŷ a berthynai i'r eglwys a'r ysgol. Roedd yn edrych fel pe bai rhyw bensaer gwallgo' wedi ei adeiladu, neu gybydd a oedd yn benderfynol o ddefnyddio pob mymryn o dir. Ar ochr y stryd, roedd o'n dŷ llydan, yn tynnu llygad dyn, ond y munud roeddech chi'n mynd i mewn iddo roeddech chi'n gweld bod y wal dde ar letraws a'r adeilad i gyd yn mynd yn feinach wrth gyrraedd ei ben draw. Âi'r ystafelloedd yn gulach a chulach, eu siâp yn wirionach a gwirionach, fel nad oedd yr esgus o ardd yn ddim ond triongl bychan yng nghysgod adeilad yr ysgol. Gan fod rhaid i deulu niferus a thlawd fel hwn hyd yn oed gael un ystafell nad oedd llawer o ddefnydd ar ei chyfer, ystafell i dderbyn ymwelwyr lle na dderbynnid ymwelwyr byth, roedd y weddw a'r plant yn gorfod byw yn yr ystafell ganol, lle'r oedd stof Leuven ac iddi beipen hir—y math o stof a welir mewn pentrefi yn unig—yn dod â thipyn o gysur i'r lle. Roedd tri brawd a dwy chwaer Annes yn eistedd o amgylch y stof, a'r fam wrth y bwrdd-cegin mawr. Trawodd y gwres braf fi wrth imi gerdded i mewn. Cefais fy nghyflwyno i'r teulu heb fawr o groeso, 'ddywedodd neb ddim mwy nag oedd raid—heblaw'r fam, a ofynnodd imi yn gyfeillgar a oedd fy rhieni'n dal yn fyw, a chodi'n syth wedyn a mynd i wneud coffi inni. Tra oedd hi'n brysur wrth y stof manteisiodd y tri brawd ar y cyfle i godi a diflannu, ac fe aeth un chwaer allan hefyd. Roedd pedwar ohonom ar ôl. Roedd chwaer hynaf Annes, Carla, yn ferch gref yr olwg, wyneb crwn, agored, corff gwladaidd, yn gwbl groes i Annes a'i golwg eiddil a'i hwyneb gwelw. Daethai'r teulu i'r dref i fyw o Dir Waas pan oedd Carla eisoes yn ferch fawr, ond roedd Annes wedi ei magu yn y dref, yn blentyn gwelw. Pan ddiflannodd y pedwar arall cefais y teimlad fy mod wedi hollti'r teulu'n ddau ac y gallwn o hynny ymlaen ddibynnu ar gyfeillgarwch a chydymdeimlad y fam, Carla ac Annes. Roeddwn i'n wastad ar fy ngwyliadwriaeth ac yn rhannu pobl yn ddwy garfan: y rhai oedd gyda mi, a'r rhai oedd yn f'erbyn. Doeddwn i ddim yn hoffi pobl nad oedden nhw ddim yn barod i sefyll wrth eu delfrydau. Dydw i ddim yn cofio rŵan beth ddywedais i ar yr ymweliad cyntaf yna â chartref Annes. Siarad am y tywydd, y sinema, yr ysgol, fy nghynlluniau ar gyfer y dyfodol mae'n debyg, tra oedd mam Annes wrthi'n tywallt coffi inni, ac yn pwyso arnaf i, yn ôl arfer pobl y wlad, i gymryd bara a chaws. Y peth pwysicaf yn yr ystafell-fyw oedd llun mawr o'r diweddar dad, dyn tua hanner cant oed, yn edrych i lawr yn drist-feddylgar ar y byd. Roedd popeth yn y tŷ yn lân a thaclus, ac ar yr olwg gyntaf ni allai neb ddyfalu bod y weddw yn cyflawni gwyrthiau o ddyfais bob dydd er mwyn cadw ei theulu mewn bwyd. Ar ôl i'r fam ddweud popeth oedd ganddi i'w ddweud, dechreuodd siarad. Ym mhresenoldeb trydydd person roedd hi'n amhosibl imi siarad efo Annes; ond dechreuodd Carla fy nhynnu allan ar unwaith â'i heironi caredig a direidus, ac roedd yn rhaid imi ei hateb. Pan godais o'r diwedd i ffarwelio â hi a'r fam, gwthiodd Annes a minnau i mewn i'r cyntedd cul, a dweud tan chwerthin: 'Mi gaewn ni'r drws!' A dyna lle'r oeddem ni'n dau yn sefyll yn y cyntedd hanner tywyll. Roedd Annes yn hen gyfarwydd â'r lle ac fe'm rhwystrodd ar y funud olaf rhag dymchwel pot-blodyn mawr; gafaelodd yn dynn yn fy llaw a gofyn yn betrusgar cyn iddi agor y drws: 'wyt ti am ddod eto?' 'Ydw,' meddwn yn daer, gan ychwanegu 'mod i'n gobeithio y cawn i fynd am dro efo hi eto, boed haul, boed law. 'Fedrwn i ddim meddwl am ddweud hanes Annes a'r ymweliad â'i chartref wrth Mam, a llai fyth drafod fy nheimladau tuag ati. Gwyddwn y byddai Annes a'i theulu, y fam a Carla, a oedd ar f'ochr i, a'r brodyr a'r chwaer fach yr oeddwn yn eu hystyried yn f'erbyn, yn gorfod aros yn fyd dieithr i'm haelwyd i. Roeddwn i'n gwybod beth oedd syniadau Mam am deulu parchus, a gwyddwn hefyd eu bod yn cynnwys dipyn o gyfoeth materol a math o wedduster pethau nad oeddynt i'w cael yng nghartref Annes. Doedd hynny'n poeni dim arna' i, oherwydd roedd cwmni Annes, ei chwestiwn ymbilgar bron, yr agosatrwydd a ddatblygodd rhyngom yn ystod yr awr fer honno, ac eironi caredig ei chwaer iachus yn bethau a'm llanwodd â hapusrwydd eang, cynnes.

Er fy mod i ar dân eisiau dweud wrth naill ai Mam neu Alfred am Annes, eto cedwais yn ddistaw. Roedd arnaf ofn brifo Mam—o achos roedd dweud yr enw Annes ynddo'i hun yn ddigon i ddod â dagrau i'w llygaid bob amser. Beth fyddai ymateb Alfred galongaled pe bawn i'n dweud wrtho ni allwn ddyfalu: byddai fy nghyffes yn siŵr o edrych fel brad yn ei dyb ef. Gallwn ddisgwyl iddo fy ngwawdio a thynnu llun coeglyd o'r hyn y byddai'n ei alw'n 'fy hapusrwydd bwrdeisiol'. A minnau'n trigo'n fewnblyg mewn byd o deimlad cwbl newydd rŵan, 'allwn i ddim wrth gwrs guddio fy niffyg amynedd wrth ddisgwyl am y Sul canlynol. Cerddwn allan o'm ffordd i geisio cael cip ar Annes wrth iddi ddod allan o'r ysgol, nad oedd ond ychydig o lathenni o'i chartref, ond roedd hi bob amser yng nghwmni anghyfleus Henriette, a 'wyddwn i ddim sut i'w gwahanu. Digwyddais, fodd bynnag, ddarganfod bod Annes yn mynychu gwasanaeth yr hwyr weithiau yn eglwys y plwyf. Er mawr syndod i Mam dywedais wrthi fod arna' i eisiau mynd i'r Fendith. Y tri diwrnod cyntaf 'welais i ddim arlliw o Annes. Roeddwn i ar fin rhoi'r gorau i'm mynychu anarferol ar yr eglwys, ond a minnau'n cerdded yn betrusgar i gyfeiriad yr eglwys ar y pedwerydd dydd—gwelais hi yn mynd i mewn i'r adeilad yng nghwmni anochel Henriette. Dilynais y ddwy i mewn a mynd i eistedd ychydig o resi y tu ôl iddynt. Plentyn tal, wedi saethu i fyny, oedd Henriette, merch ddiamynedd a lletchwith ei symudiadau; roedd yn amlwg nad o ddefosiwn yn unig y mynychai hi'r eglwys, ond hefyd er mwyn cwrdd â bechgyn o'r un oedran â hi. Eisteddai Annes yno'n ddistaw, ei phlethi melyn cwta yn hongian yn llonydd o dan ei het fach drionglog. Y ddau ddiwrnod cyntaf cerddodd y merched yn syth allan ar ôl y Fendith, ac 'allwn i ddim codi a'u dilyn heb dynnu sylw. Y Sul canlynol gwelais Annes eto, a llwyddais i gael gwared o Henriette. Y munud y dechreuodd y ffilm droi sleifiodd y ddau ohonom allan yn ddistaw bach a cherdded, heb feddwl ddwywaith, i'r un cyfeiriad â'r tro cynt. Penderfynasom beth i'w ddweud pe gofynnid inni gartref beth oedd ar y rhaglen. Gydag ychydig o ddychymyg roedd hi'n ddigon hawdd llunio rhaglen efo'r wybodaeth oedd gennym eisoes. Pan sylweddolais ein bod wrthi'n dyfeisio sut i dwyllo'n teuluoedd dechreuais deimlo'n annifyr. Doeddwn i ddim wedi arfer dweud anwiredd, ac roeddwn i wedi cael fy nysgu ei bod hi'n llawer gwell dweud dim byd na rhoi ateb celwyddog. Roedd y canlyniad yr un fath, ond roedd y pechod yn llai—bron na ellid dweud nad oedd yn bod. Dyna oedd y cyfarwyddyd.

V

O'r amser hynny ymlaen roeddem ni'n anwahanadwy. Ond er fy mod wedi darllen mewn cannoedd o lyfrau y dylai dyn 'ddatgan' ei serch—gorau oll pe bai mewn ffrwd o eiriau swynol—nid oedd yn fy ngallu i ddilyn y cyngor rhamantus hwn. Mae twr ein heglwys gadeiriol ni yn uchel, 'cyfuwch â'r nefoedd' ys dywed y caneuon. I gyrraedd i'w ben mae'n rhaid dringo grisiau sy'n mynd yn fwy a mwy iasol wrth ichi esgyn yn uwch. Cyn i chi gael clywed y gwynt yn rhuo drwy ddelltwaith y canllaw trwchus, cyn i chi gael gweld golygfa eang y dref a'r afon, cyn i chi gael teimlo'ch calon yn curo o falchder wrth weld eich tref enedigol yn gorwedd yno o'ch blaen chi mor urddasol yr olwg arni, mae'n rhaid cymryd saib fach ar y grisiau o bryd i'w gilydd. Daw stribedi o olau ysgafn, gwyrdd i mewn drwy'r ffenestri agennog sy'n edrych allan ar doeau ac eglwysi. Uwch eich pen, ac oddi tanoch, clywir swn chwerthin yn mynd a dod, ac yna eiliad neu ddau o ddistawrwydd. Mae'r ymwelwyr wedi cyrraedd y teras ar y to rwan, a lleisiau'r rhai sy'n mynd yn eu holau i lawr yn graddol wanhau. Dim ond swn y gwynt yn suo drwy'r agen gul yn y mur, a'r haul yn tywynnu mewn bys o oleuni ar un neu ddau o risiau. Ac i fyny yno, yn uchel uwchben tref fy mebyd, yn edrych allan ar y wlad felys, gwlad Waas lle y ganed Annes, yr amlygais fy serch. Yn lletchwith a swil, ond eto yn ymwybodol o ddifrifwch sacramentaidd bron y cam cyntaf hwn, yr addefiad gwyryfol a gwryw. Pa ots rwan os rhoddais fy llaw ar ei phlethi, neu ar ei dwylo, a orweddai yn ei chôl. Deallodd fi, ac ni thynnodd ei llaw i ffwrdd. Aflonyddwyd arnom gan gwpwl arall oedd â'u bryd ar fynd yn uwch a ninnau'n eistedd ar eu ffordd nhw. Codasom ar ein traed. Rhoddais help llaw i Annes, a theimlo'i chorff yn pwyso'n ysgafn yn f'erbyn. A'n calonnau'n curo dring-asom i ben uchaf y twr. Roeddwn i'n siwr rwan. Doedd dim angen defnyddio'r geiriau confensiynol, a gwyddwn yn iawn, beth bynnag, y byddai'r ferf 'caru' fel y defnyddir hi mewn llyfrau neu ar lwyfan, yn swnio'n chwerthinllyd ar fy ngwefusau i. Mae bechgyn a merched o'm safle i yn chwilio am loches mewn ymadroddion plentynnaidd gwirion wrth geisio cyfleu eu teimladau: llwyddais i i osgoi hynny hefyd.

I fyny yno ar oriel uchaf y tŵr roedd y byd o'n hamgylch ymhob cyfeiriad yn edrych yn ddigon o ryfeddod. Wrth bwyso'n erbyn y canllaw a adeiladwyd bum canrif yn ôl ac a gnowyd erbyn hyn yn ddidrugaredd gan dreigl amser, roedd fel pe baem yn pwyso ar orffennol ein pobl ein hunain. Edrychais i lawr, a dyna lle'r oedd yr afon, yr afon y canwyd iddi gan y beirdd fel duwies ddireidus, yr afon a ddarluniwyd gan artistiaid yn ei hamryfal agweddau, yr afon a ganmolwyd gan fasnachwyr a morwyr fel gwythïen fawr ein holl fodolaeth; a dyna lle'r oedd y dref efo'i thoeau coch a llwyd, y porthladd a'r holl longau, a thu hwnt i hyn i gyd y polderau gleision, diderfyn, hael a rhydd. Roedd yn union fel pe bawn yn gosod yr olygfa arswydus o hardd hon wrth draed Annes, a hithau'n derbyn y deyrnged fel canlyniad naturiol i'm hymddygiad tyner ar y grisiau. Roedd salwch plentynnaidd yr ymennydd dynol yn ddieithr imi, ond eto y funud honno, ni allwn wadu nad oeddem ni ein dau, i fyny yno gyda'n gilydd, yn ifanc a glân, heb ein llygru eto gan fywyd, ond yn llawn teimladau aruchel, yn barod i'n cysegru ein hunain i'r gymdeithas hon yr oedd ei hysbryd yn hofran fel niwl ysgafn uwchben y toeau a thros yr afon droellog. Roeddwn i'n ddrwgdybus bob amser o bob math o gyfriniaeth, ac yn enwedig y math hwnnw o gyfriniaeth a fynnai fod ein cymdeithas ni wedi ei ffurfio o bobl ddethol, ond eto deallais, tra oedd y gwynt yn suo o'n hamgylch a baner yn chwifio'n uchel uwch ein pennau, y gallai ysbrydoliaeth ddod o'r gorffennol. Er na allwn i ddeall y math hwnnw o addoli sy'n perthyn i'r archeolegydd, gallwn ddeall ac amgyffred y peth o safbwynt y crëwr, yr un sy'n llunio pethau.

Gwn fy mod wedi ceisio cyfleu i Annes mewn geiriau rhwysgfawr yr hyn oedd yn fy meddwl. Yn ddiweddarach darllenais y jôc am y bardd ifanc yn crwydro ar hyd y traeth yng nghwmni ei gariad, ac yn gweiddi'n sydyn ar y môr: 'Hyrddiwch, o donnau, hyrddiwch!' a hithau'n ateb: 'O Jaap, mae o'n gwneud!' Dichon fy mod i yn debyg i'r bardd hwnnw, ac Annes fel ei gariad. Dydi hynny ddim yn bwysig, ond mewn rhyw ffordd mae'r stori wirion hon yn symud dyn. Gwyddwn y byddai Annes yn credu ynof o hynny ymlaen. Y cwestiwn oedd, sut oeddwn i i fod yn deilwng o'r gred hon. Roeddwn i o'r farn mai'r dyn a ddylai arwain mewn perthynas rywiol, ef a ddylai gymryd y cyfrifoldeb, a'r wraig i ymddiried ynddo, a'i ddilyn. Doedd dim byd yn fy magwraeth na'm hamgylchedd wedi fy mharatoi i dybio y byddai gan Annes bersonoliaeth y dylwn ei pharchu, ac y byddai ganddi ei hawliau, hawliau y gallai eu mynnu. Roeddwn i'n berchen ar egoistiaeth wrywaidd enfawr, ddigymell—rhywbeth oedd wedi ei phorthi gan ganrifoedd o brofiad a rhagorfraint, rhywbeth yr oeddwn yn ei dderbyn yn ganiataol. Pe bai rhywun wedi fy nghyhuddo ar y pryd o 'lwyr feddiannu' Annes, ac nad oeddwn ddim gwell na'r dyn cyntefig gynt yn llusgo'i ysglyfaeth i mewn i'w ogof, byddwn wedi chwerthin am ei ben, gan gredu mai teimladau anrhydeddus yn unig oedd yn fy symbylu. Oherwydd fy magu ar aelwyd gwbl fwrdeisiol doeddwn i'n gwybod dim am gydraddoldeb naturiol y rhywiau yr oeddwn i'w ddarganfod ymhellach ymlaen yng nghartrefi gweithwyr cyffredin, cartrefi lle'r oedd adfyd yn effeithio'n drymach ar y wraig nag ar y gŵr nes ei bod hi o ganlyniad, yn groes i bob confensiwn cymdeithasol, yn ei hystyried ei hun yn gydradd â'i gŵr. Mae'r syniadau hyn, sydd flynyddoedd yn ddiweddarach yn swnio fel *hineininterpretieren* serch llencynnaidd, yn bwysig yn unig am imi ddod yn ymwybodol mor hwyr yn fy mywyd o'r hyn sy'n ymddangos yn awr fel egoistiaeth wrywaidd. Ni allwn gael gwared o ymagweddau dirmygus Alfred o'm meddwl, hyd yn oed wrth deimlo corff Annes yn pwyso yn f'erbyn mewn afiaith tawel yn uchel yn y tŵr. Gwyddwn y byddai'n rhaid inni ddisgyn eto i'r dre at y bywyd a oedd yn disgwyl yno amdanom. Y bywyd bychan bwrdeisiol yr oeddem yn rhan ohono, gyda'i 'ardal', a'i enedigaethau truenus, y goets bach y byddai Annes, yn ôl arfer yr ardal, yn ei gwthio ar hyd y stryd ar bnawn Sul, a minnau'n cerdded wrth ei hymyl yn sugno cetyn, ac efallai hefyd yn cario ffon bwlyn-arian. Ond teimlwn y gallwn i dyfu uwchben y llun bwrdeisiol hwn a pheri i rywbeth gwerthfawr dyfu allan o'r elfennau bwrdeisiol atgas oedd yn y llun, pethau a allai roi i'r lleiaf ohonom urddas ac ehangder. 'Der Mann nuss hinaus in's feindliche Leben'. Wedi hynny deuai'r *Streben* ac roedd yn amlwg fod yn rhaid i mi fod yn *Streben*. Byddwn wedi ateb y sawl a'm galwai'n *Streben* ar y pryd

yn ffroenuchel drwy ddweud mai fy mwriad i oedd *Streben* —
anelu at — rywbeth mwy, rhywbeth dyfnach ac uwch na'r rhelyw,
na'r rhai a welwn â diflastod difesur yn byw o'm hamgylch, ac yr
oeddwn yn eu hofni'n reddfol am fy mod yn edrych arnynt fel
perygl beunyddiol yn codi rhyngof fi a'm dyfodol urddasol. Roedd
gwrthgyferbyniad ynof: roeddwn i'n barod ar y naill law i herio'r
byd yn ei ddiffyg gwerth, ond eto ar y llaw arall yn barod i dderbyn
ei ffurfiau allanol er mwyn eu concro a'u hysbrydoli megis, a'u
puro â nwyd aruchel — ond nid oeddwn yn gwbl ymwybodol o'r
gwrthgyferbyniad hwn. Doeddwn i ddim yn amau am funud na
fedrai Annes a minnau adnewyddu'r byd, a'i wneud yn well lle.
Roeddem ni ar ein pennau'n hunain, fel yr oeddem wrth sefyll ar
oriel y tŵr pan ddechreuodd nosi a'r goleuadau yn y miloedd tai
oddi tano yn dechrau pefrio fesul un, y ffrwd ceir yr ochr arall i'r
afon yn goleuo'r ffordd fawr o'r dwyrain a'u chwiloleuadau yn
mynd yn fwyfwy disglair wrth iddi dywyllu, a'r clychau yn dechrau
canu y tu ôl inni a'r adeilad i gyd yn bywiogi mewn ffordd nad
oeddem erioed wedi ei ddychmygu. A oeddwn i mor llawn ohonof
fy hun fel nad oeddwn i braidd yn meddwl am Annes am fy mod i
fy hun yn byw ac yn bodoli? Beth a ddywedodd Annes wrth i'r
gwynt chwythu'n geiriau i ffwrdd a gwneud pob sgwrs yn
amhosibl? A oeddwn i eisoes yn edrych arni fel eiddo imi, rhyw-
beth yr oeddwn yn berchen arno? Roedd Annes yn llawer mwy na
chysgod ufudd y tu ôl i labwst o fachgen rhamantus, rhodresgar.
Hi ei hun oedd hi. Roedd hi'n adnabod tralod dynolryw yn well na
mi. Roedd hithau'n profi, cystal â minnau, wefr y ddrama fawr.
Ond tra oeddwn i, â'm pen yn y cymylau, yn gweld dim ond
mawredd ac urddas y ddrama, roedd Annes, gyda dealltwriaeth an-
hraethadwy, yn ymdeimlo â'r tristwch a'r loes a oedd wedi ei
guddio oddi wrthym drwy'r gwahanu corfforol rhyngom a'r dref.
Clywais ei llais yn dweud drwy'r gwynt: 'Hardd ond trist', am ei
bod hi'n gyfarwydd â'r strydoedd tlawd ac yn gwybod am gyflwr
arswydus yr hen ardaloedd. Aethom yn ein holau i lawr y grisiau
troellog yn gyflym iawn, a'r haul coch yn ffrydio i mewn drwy'r
ffenestri culion wrth fachludo. Pan oeddem ni'n sefyll unwaith
eto, a'n penliniau'n gollwng oddi tanom, ar glôs y farchnad o flaen
yr eglwys gadeiriol gafaelais yn ei braich, ac felly y cerddasom
fraich ym mraich adre drwy'r dref dawel.

Wrth ffarwelio â hi fe'i cusenais am y tro cyntaf. Doedd dim yn drwsgl yn y cofleidio cyntaf hwn. Gochelais ei gwefusau crynedig, a dim ond cyffwrdd â'i gruddiau bach lluddedig. Roedd y stryd yn ddistaw a phrudd, y tai yn dywyll i gyd ac yn unig yr olwg. Tyfai glaswellt rhwng y fflagiau. Doedd dim ond un lamp isel yn olau yn y pellter. Gwyddem y byddai unrhyw osgo cariadus ar ein rhan yn siŵr o gael ei groesawu ag eironi gan y rhai a ddigwyddai gerdded heibio—ac efallai hefyd ag anogaeth ddireidus.

Pan welais Annes yn diflannu heibio'r gornel, teimlais yn ddigalon iawn, ac anhapus dros ben. A dyna pryd y deallais fod presenoldeb yr anwylyd yn angenrheidiol ar gyfer gwir heddwch a hapusrwydd dyn. Sylweddolais fod pob ysgariad, wedi ei orchymyn gan gonfensiwn a rheidrwydd cymdeithasol, yn sarhad ar ein teimladau a'n natur. Wrth i Annes gerdded i ffwrdd, a'i chamau ysgafn yn dal i adleisio yn nistawrwydd y stryd, syrthiodd rhywbeth i ffwrdd oddi wrthyf, rhywbeth oedd wedi dod â hunan-hyder a ffydd imi, rhywbeth oedd wedi peri imi fyw mewn cwmwl o deimlad arwraidd. Ac er imi ddweud wrthyf fy hunan: bachgen yn cusanu merch am y tro cyntaf, mewn stryd gyffredin, wag, hithau'n mynd ei ffordd, ac yntau'n mynd ei ffordd ef. Dyna i gyd. Rhywbeth sy'n digwydd filoedd o weithiau yn y dref hon ac ymhob gradd o ledred. Rhywbeth anhygoel o gyffredin felly. Eto gwyddwn yn iawn nad cyffredin mohono i mi, nac iddi hithau. Gwyddwn fod y weithred ddibwys a lletchwith hon, a edrychai yn ddoniol hyd yn oed i'm llygaid i ac efallai yn fwy fyth i'w llygaid hi, yn mynd i benderfynu rhan o'm tynged i, a'i thynged hithau; trwyddi roeddwn i wedi dechrau derbyn yr her eofn a bygythiol, yr her sy'n fyd ynddo'i hun i bob dyn ifanc. Lle'r oedd miloedd wedi methu roeddem ni'n mynd i lwyddo. Roeddwn i wedi dweud wrth Annes, i fyny yno ar dop y tŵr, yn fy ngorhyder: 'Fe wnawn ni'r byd yn lle gwell. Mi ddechreuwn ni o'r dechrau.'

Diflannodd y gorhyder bendigedig hwn a oedd wedi fy 'sgubo oddi ar fy nhraed, i fyny yn yr awyr unwaith yr oedd yn rhaid imi gerdded y ffordd fer adre ar fy mhen fy hun, heibio i'r tai caeëdig, distaw lle'r oedd bywyd yn mynd ymlaen y tu ôl i'r parlwr na ddefnyddid byth mohono, a'r ystafell fwyta na ddefnyddid mohoni, ond yn anaml iawn, yn y gegin ac allan ar y feranda. Roedd yr unig oleuadau oedd i'w gweld i fyny ar yr ail neu'r trydydd llawr, a theimlwn mai claf oedd yn gorwedd yno yn gwrando drwy ei hun ar y dwymyn yn curo ynddo, neu hen ŵr efallai yn disgwyl am angau. Doedd y radio ddim eto wedi difa bywyd teuluol, a phan glywid miwsig yn dod o rywle gwyddech fod parti ar gerdded, neu griw o lanciau ifanc haerllug yn ceisio cuddio'u hymddygiad rhyfygus a'u cywilydd drwy gadw stŵr. Sut y cawn ni hyd eto i rythm tawel ein hieuenctid yng nghacoffoni ein byd cyfoes ni? Roedd patrwm fy mywyd, ein ffordd o fyw, ac yn enwedig yr hinsawdd, yn cael dylanwad cryf ar gyflwr fy meddwl i a'm teimladau. Mae'n debyg fy mod i wedi cael yr argraff drwy fy narllen anhrefnus fod dyn, yn enwedig dyn ifanc, yn gorfod gofalu fod ei galon mewn cytgord â chylch y tymhorau, a hyd yn oed y dyddiau. Roedd y beirdd wedi dysgu imi fod y gwanwyn yn llawen, yr haf yn aeddfed, yr hydref yn llon a'r gaeaf yn brudd. Ni chredai neb—oddieithr y rhai oedd yn ddigon cyfoethog i fedru osgoi'r tymhorau garw—fod dichon newid y raddfa hon o werthoedd a beiddio bod yn llawen yn y gaeaf neu'n brudd yn y gwanwyn. Cefais fy nysgu gan f'athrawon fod i bob tymor ei harddwch, a phwyswyd arnaf i fyfyrio ar symboliaeth y gwahanol dymhorau, ond ni rwystrodd hynny fi fodd bynnag rhag bod yn drist weithiau yn yr haul ac yn afieithus yn y glaw. Tra oeddwn ar fy mhen fy hun (o hyn ymlaen roedd fy unigrwydd ar ben) roeddwn i wedi hedfan i fyny ac i lawr gyda'r baromedr. Pan ddeuthum yn ymwybodol o'm llesgedd a'm digalondid ar y ffordd adre'r noson honno, sylweddolais fel yr oeddwn yn caniatáu i'r tawelwch a'r glaw anochel ddylanwadu arnaf—hyd yn oed ar y dydd yr oedd Annes a minnau wedi dod i mewn i fywydau ein gilydd, a minnau'n gwybod bod fy ngweithredoedd a'm dyheadau annelwig wedi darganfod canolbwynt a nod o'r diwedd. Gwelwn yn glir iawn y byddai fy mywyd o hyn allan yn amddiffyniad yn erbyn y byd, a hyd yn oed yn erbyn yr elfennau. Roedd ynof ar y pryd, yn anochel, angen am yr arwrol, ac ni fyddwn wedi deall y sawl a ddywedai wrthyf fod pwerau'r gwynt a'r glaw mor chwerthinllyd â phenillion cantadau Emmanuel Hiel, neu fe fyddwn wedi edrych arno fel israddolyn anneallus. Mae'r plentyn sy'n dechrau dysgu cerdded yn edrych yn lletchwith dros ben, ond ni fedr y neb sy'n edrych arno, yn erbyn cefndir ei dynged, lai na chyfaddef fod y camau cyntaf hyn, yn hytrach na bod yn gyfle i'w rieni chwerthin yn gariadus am ei ben, yn rhan o ddrama fawr, arswydus bywyd. Beth wyddom ni, mewn gwirionedd, am deimladau buddugoliaethus y plentyn bach sy'n sefyll ar ei draed am y tro cyntaf, yn ei ddal ei hun yn syth neu'n syrthio'n ôl ar ei bedwar aelod, ac yn sylweddoli wrth gymryd y camau cyntaf hyn mor rhwydd ag anifail bron ei fod yn dechrau ar ei yrfa fel concwerwr, a'r gri annealladwy i ni: gwnewch le, fy nhro i ydi hi rŵan? Beth yw ystyr yr wyneb hapus a'r grwan ond datganiad o ffydd ynddo ef ei hun ac yn y dyfodol, dyfodol sy'n lleihau i ni? Felly yr oedd hi i mi yr adeg honno, a minnau'n cymryd y camau cyntaf ym myd serch: baglud oeddwn i eto, ond roeddwn i'n gwella. Roedd arnaf ofn syrthio, ond yn benderfynol o fod ar fy mhen fy hun, heb ofyn am help neb.

VI

Roedd y rhyfel wedi dirwyn i ben heb ymyrryd yn rhy ddifrifol â theulu Annes na f'un i. Safem gyda'n gilydd ar glôs y Farchnad pan dynnwyd y faner estron i lawr o'r tŵr a chodi lliwiau'n gwlad ni yn ei lle. Dechreuodd hen bobl lefain, wedi iddynt fod yn disgwyl am flynyddoedd am eu meibion, a hwythau wedi bod yn ymladd y tu ôl i'r ffrynt. Yr oedd arswyd yn eu calonnau y deuai'r gyfraith eilwaith i rym, fel pe i wireddu eu hofn mwyaf. Edrychodd un neu ddau o'r dynion ifanc ar yr wynebau dagreuol hyn â pharch ond heb fawr o gydymdeimlad. Roedd yr awyrgylch yn y dref yn rhyfedd ac yn ddieithr; yn meddwl am neb ond amdanom ni ein hunain, doedd Annes na minnau wedi cymryd unrhyw ran yn y ddrama fawr oedd yn chwarae o'n hamgylch yn ystod y misoedd diwethaf. Roedd bywyd cyfoes bron yn hollol ddieithr inni. Roeddem ni'n byw yn yr absoliwt. Yr hyn yr oedd yr heddwch yn ei olygu i ni oedd mwy o ryddid i symud. Roedd Mam wedi dod yn fwy goddefgar, a chan fy mod wedi gadael yr ysgol erbyn hyn ac yn chwilio am swydd, doedd hi ddim yn poeni cymaint am fy mân symudiadau i. Nid oedd Annes ychwaith yn cael ei thrin fel plentyn ddim mwy. Aethom ati i elwa ar yr amgylchiadau i ddod i adnabod y wlad o'n hamgylch yn well ac i chwilio am amgylchoedd teilwng ar gyfer ein teimladau a'n sgyrsiau. Yn ystod y gwanwyn a ddilynodd y Rhyddhau tyfasom yn nes at ein gilydd, nid yn amgylchedd anniddorol y strydoedd marw felly, lle y gwthiai fy hen ffrindiau ysgol eu cariadon i mewn i byrth tywyll, nid yn y tramwyfeydd afiach lle y cysgodent rhag y glaw a gwawd pobl eraill, ond ymhob man a lle y gallai'r olygfa ein hysbrydoli, lle y gallem feddiannu darn o dir o fewn ein cyrraedd, ar ein pennau'n hunain ac yn ysblennydd, yn siŵr o'n hawl ifanc i hapusrwydd.

Roeddwn i'n gorfod ymddwyn yn barchus a mynd adre efo Annes yn rheolaidd. Yn ei chartref cefais brofi caredigrwydd hynaws a lluddedig ei mam, a dirmyg twymgalon ei chwaer hynaf, a dynnai fy nghoes yn ddidrugaredd. Dysgais adnabod ei brodyr yn well, ond nid oeddem yn perthyn i'r un byd ac mae'n rhaid fy mod, o achos fy ieuenctid a'm tawedogrwydd chwithig, yn edrych yn greadur truenus a doniol iawn iddyn nhw. Yr ieuengaf o'r tri oedd yr unig un oedd yn hoff ohonof, mi dybiwn, ond doedd hwnnw fawr mwy na phlentyn penfelyn, gwan yr olwg, yn y dyddiau hynny. Roedd chwaer ieuengaf Annes, Veerle, yn prysur aeddfedu ac edrychai'n ddrwgdybus, i'm tyb i beth bynnag, ar fy nghyfeillgarwch ag Annes. Ond sylweddolais fod fy nghariad tuag at ei chwaer yn cythryblu Veerle.

Un noson aeth Annes a minnau ar wibdaith ar long bleser i fyny Afon Schelde. Roedd hi'n gwisgo ffrog wen a'i phlethi wedi eu cuddio o dan het fechan. Roedd y dec wedi ei oleuo gan ychydig o lusernau ac roedd gramaffôn i'w glywed yn rhygnu yn rhywle, ond doedd yr haint ddawnsio a ddaeth wedi'r rhyfel ddim wedi ymledu eto, a doedd y bobl ar fwrdd y llong yn gyfarwydd â'r camau newydd; felly, wedi inni fynd heibio i'r dref caeodd y perchennog ei flwch miwsig ac aethom yn ein blaenau i fyny'r afon mewn tawelwch. Roedd golau claear y lleuad yn gorwedd ar y dŵr ac ar y polderau gwastad. Dim ond sŵn sgriw'r llong yn troi y tu ôl inni a pharablu isel y bobl o'n cwmpas. Aethom i bwyso ar y rheiliau ac edrych i fyny ar y lleuad ac i lawr ar y dŵr sisialog bob yn ail. Flynyddoedd yn ddiweddarach treuliais ddyddiau cyfan yn syllu ar linell yr ewyn tu ôl i'r llong fawr a oedd naill ai'n hebrwng adre neu'n mynd â mi'n f'ôl at gyfnod o unigrwydd mewn rhyw wlad dramor neu'i gilydd. Edrychwn bob amser gydag ofn neu dristwch ar ôl y llong yn diflannu ar wyneb eang y môr. Ond y noson honno, ac Annes a minnau'n hwylio i gyfeiriad Lillo, doedd dim ond hedd a gobaith yn fy nghalon. Wedi i un o'r llusernau fynd ar dân diffoddwyd y lleill i gyd, ac yng ngolau'r lleuad symudai'r teithwyr fel ysbrydion hyd y dec. Wrth f'ymyl teimlwn gynhesrwydd corff Annes, a sawr ei gwallt. Gwyddwn y byddai dynion ifanc o'r un oedran â mi yn mynd ati i geisio cyrraedd eu nod ond roedd y fath syniad, y fath nwyd, yn ddieithr i mi. 'Allwn i ddim dychmygu hapusrwydd amgenach, hapusrwydd uwch, na bod yn ei chwmni hi yn dawel a chytûn wedi ymgolli mewn prudd-der ysgafn prydferth. Glaniodd y llong o'r diwedd ar lan chwith yr afon ac aethom am dro bach o amgylch yr hafanau pysgota a hwylio, lle'r oedd yr olygfa gyffredin, feunyddiol wedi ei dyrchafu yng ngolau'r lloer. Diflannodd fy mhruddglwyf a theimlwn yn ysgafngalon a dedwydd yng nghwmni f'anwylyd. Trodd y llong wedyn a mynd yn ôl. Ar ôl inni fynd rownd y tro olaf, a ninnau'n ddigon agos i fedru canfod strydoedd y dref a'u hychydig oleuadau yng ngolau'r lloer, a'r llongau mawr yn wledd o olau i gyd, dechreuodd y teithwyr ganu'r hen ganeuon gwladgarol sy'n canmol gogoniant ein hetifeddiaeth, ac er fy mod wrth reddf yn erbyn siawfiniaeth blwyfol, eto i gyd ni allwn lai na chydymdeimlo â'r bardd gwlad a'r cyfansoddwr gwerin ar y funud honno, ac roedd Annes a minnau'n teimlo'n falch o berthyn i'r darn hwn o'r ddaear.

Roedd y noson honno'n un arwyddocaol iawn i mi, yn arwyddocaol am ein bod ni wedi sefyll yn fud wrth ymyl ein gilydd bron drwy'r amser, heb ddweud dim byd arall na allai unrhyw un fod wedi ei glywed ond eto wedi teimlo ein bod yn perthyn i'n gilydd ac yn gallu cydfwynhau drama fawr aruchel. Meddyliais am yr anturiaethwyr gynt yn y gwledydd anial yn dewis gwraig o dras anwar a'i gwneud yn eiddo iddynt ac yn byw'n hapus efo hi, yn ei charu, ac yn ffyddlon iddi er nad oedden nhw'n medru cyfathrachu â hi ond trwy wneud ystumiau a defnyddio ambell air wedi ei seinio'n anghywir yn ei hiaith gyntefig hi.

Ychydig wythnosau wedi hynny llwyddais i gael gwaith ar staff golygyddol papur wythnosol lle'r oedd yn rhaid imi fod yn gyfrifol hefyd am y gwaith gweinyddol. Treuliwn y rhan gyntaf o'r wythnos yn ysgrifennu cyfeiriadau, a'r unig gyfle a gawn yn y gwaith hwnnw i ddefnyddio f'angen am hiwmor oedd wrth ysgrifennu enwau'r pentrefi Erps-Querbs a Sichen-Sussen-Bolree. Yng nghanol yr wythnos roedd yn rhaid imi weithredu fel ysgrifennydd y staff golygyddol, a oedd yn cynnwys un llenor rhan amser a dau ŵr anllythrennog, cyfeillgar. Disgwyliai'r rheolwr gymorth ariannol gan y ddau hyn. Roedd y cwmni'n un difyr iawn a doniol. O bryd i'w gilydd torrai Kuypers—y rheolwr—ar draws eu trafodaethau niwlog ar bynciau megis tynged y Pwyliaid neu Gynllun Kellog (nad oedd yr un o'r ddau wedi ei ddarllen) drwy sefyll ar ei draed yn sydyn fel pe bai'n cyfarch ymwelydd annisgwyl. Roedd Kuypers, a oedd yn berchen ar ffortiwn, wedi rhoi'r gorau i'w swydd fel gwas sifil pan feddiannwyd ef gan y cythraul busnes. Roedd yn berffaith argyhoeddedig mai'r unig ffordd i lwyddo yn y gymdeithas gyfoes oedd trwy fetio ar fwy nag un ceffyl ar unwaith, neu a defnyddio'i eiriau ef ei hun, drwy gael mwy nag un saeth yn y bwa. Dyna pam yr oedd wedi prynu'r wythnosolyn *De Banier*, wedi sefydlu ysgol dysgu-drwy'r-post, ac ar yr un pryd wedi agor banc bach preifat, oedd yn cael ei reoli gan un swyddog, i fod yn sail iddyn nhw. Roedd y tîm tri-cheffyl hwn, fel y byddai'n ei alw, yn ei gadw'n brysur drwy'r amser oherwydd nid oedd yn arbenigwr ar yr un o'r meysydd hyn ac felly yr oedd yn gorfod treulio'i amser i gyd yn ceisio ymdopi â'u gweithgareddau. Wrth drio gwneud hyn yn gydwybodol collodd ei allu i ganolbwyntio ar bethau, ac wrth gwrs, collai ei amynedd. Dyna pam yr oedd ei ymyrraeth yn ei wahanol arglwyddiaethau yn ffrwydrol ac yn peri syndod bob amser. Un waith daeth i mewn pan oedd y golygydd-ion ar ganol trafodaeth frwd ar ryw bwnc gwleidyddol a gwrando arnyn nhw am funud a'i feddwl ar grwydr, ac yna torrodd ar draws y sawl oedd yn datgan ei farn ar y pryd, gan gloi â'r geiriau hyn mewn llais cras: 'Dyn busnes ydw i, dydw i'n deall dim ond arian.' Syfrdanodd y datganiad y delfrydwyr ifanc a diniwed hyn na chaw-sant erioed yr un ddimau goch am eu gwaith. Gallai lawn cystal fod wedi dweud rhywbeth fel: 'unwaith y flwyddyn yn unig y bydda' i'n cymryd bath'. Gan na chafodd ateb gan y lleill dywedais i wrtho yn llawn brwdfrydedd ein bod wedi cael chwe thanysgrif-iad newydd yn ystod yr wythnos. 'Ardderchog!' meddai Kuypers gan ffarwelio â ni yn ddifeddwl, ond yn ôl pob golwg yn fodlon. Gan fod bodolaeth y papur yn dibynnu arno ef ni fyddai'r lleill byth yn yngan gair, ac o'r diwedd ni fyddai na'i ymweliadau na'i ymyrraeth graslyd o ddim mwy o bwys na'r gwcw sy'n neidio allan o gloc Bafaraidd ar ben yr awr. Roedd ei ysgol-bost ar gyfer ffiseg a chemeg yng ngofal dau ŵr ifanc dymunol, a'r ddau ohonynt yn werth mwy na'u swyddi diddim. Ar y dechrau, gan nad oedd gan-ddynt fawr i'w wneud, dechreusant fragu rhyw hylif dirgel a drewllyd a oedd hefyd yn ffrwtian yn enbyd. Pan ddechreuodd eu cymdogion gwyno am yr aroglau, penderfynodd y ddau ehangu eu gweithgarwch drwy fagu dipyn go lew o alcohol, a brofwyd yn gyd-wybodol gan fy nghydweithwyr ar *De Banier*. Nid oedd gan y sawl oedd yn gyfrifol am y banc lawer o ffydd yn ei waith, ac amlygai'r diffyg ffydd hwn drwy fynd sawl gwaith y dydd i'r dafarn amheus ei chymeriad gyferbyn â'i swyddfa i leddfu ei syched. Ac yno, dros-odd a throsodd, fe laddodd holl obeithion busnes y gweinyddesau. Roedd ei sgwrs wedi ei britho bob amser â dyfynodau o'r Beibl, a phan oedd yn rhaid i un o'r boneddigesau hyn fynd i'r ysbyty, am resymau proffesiynol, daeth ataf a dweud yn brudd: 'Mae'r hwran Hor wedi ei bwrw allan o'r frwydr.'

Doedd gan fy nghyd-weithiwr, Joostens, a oedd yn gyfrifol am gysodi'r papur, ac a oedd hefyd yn gyfrifol am ysgrifennu colofn angenrheidiol ar y funud olaf, a hynny mewn cyn lleied o amser ag yr oedd modd—doedd ganddo ef ond un boen: gofalu am ei deulu niferus a newynog. Yn wyneb sefyllfa ariannol simsan yr hyn a alwai Kuypers ei 'ymerodraeth fasnachol' doedd ein cyflog byth bron yn cael ei dalu mewn pryd. Pan fyddai Kuypers ar fin gadael y swyddfa i ddreifio'n ôl yn ei gar i'w dŷ yn y wlad ceisiai Joostens ei ddal yn ôl gan ddweud mewn llais dramatig: 'Meneer Kuypers, does 'na ddim arian!' Taniai Kuypers ei sigâr mewn difaterwch olympaidd ac ateb: 'Wel, does dim help am hynny.' Ar hynny fe gymerai Joostens enw'r Arglwydd yn ofer a phan geisiwn innau ddylanwadu'n Gristnogol arno byddai'n mwmial rhywbeth o dan ei ddannedd. Yn ei ymdrech i gadw ei deulu mawr mewn cyflwr gweddol barchus trawodd ar syniad gwych a galwodd am fy nghymorth i'w weithredu. Roedd un o'n hysbysebwyr yn berchen ar ffatri sigarennau fawr, heb fod yn cyd-dynnu â'i frawd a oedd hefyd yn berchen ar yr un math o fusnes. Pe gellid cyffroi un o'r brodyr i roi hysbyseb yn y papur, byddai'r llall yn ei ddilyn cyn pen chwinciad. Dyma oedd cynllun Joostens: llunio hysbysebion ar odl. Dechreuodd arni ac ysgrifennodd un rhigwm da iawn. Gwir-ionodd y cyntaf o'r brodyr i ddod i mewn i'r swyddfa ar hwn ar un-waith, ac roedd yn rhaid i Joostens fynd ati heb oedi i gyfansoddi un arall ar gyfer y llall. A chan fod hwn yn ofni na fyddai awen Joostens yn gweithio cystal iddo ef ag i'w frawd, daeth i siarad â mi. Felly fe gyfansoddodd Joostens a minnau'r hysbyseb hon gyda'n gilydd. Ac o'r diwrnod hwnnw ymlaen aeth yn fath o eisteddfod yn y swyddfa a'r ddau ohonom yn cystadlu'n erbyn ein gilydd am y gorau i ganmol sigarennau Pieter a Lode Voghen van Lier.

Un diwrnod roedd Joostens wrthi'n canu'r 'Ddau Dywysog

Bach', a phan ddaeth at y llinell drist: 'Yna fe dagwyd yr arwr bach,' gelwais innau o'r ystafell arall 'Beth ddaru'i dagu o ...' ac yn unsain meddem: 'Sigarennau ardderchog, cenedlaethol, Pieter (neu Lode) Voghen van Lier'. Talodd yr halogi cywilyddus hwn ar un o emau ein hen lenyddiaeth am lawer o sigarennau inni, oherwydd gwerthasom ein cyfansoddiad i'r brodyr ar ocsiwn. Ond ar ôl inni addasu un neu ddwy o ganeuon gwerin eraill i'n pwrpas daeth llu o brotestiadau llym i law oddi wrth y darllenwyr, a bu'n rhaid inni addo gadael llonydd i'r caneuon yma o hyn ymlaen. Gorchmynnwyd ni oddi fry i roi'r gorau iddi. Dadleuodd Joostens yn hir ac yn rymus, gan gydbwyso lles ei deulu ar y naill law a gwerth llenyddiaeth Iseldireg Canol ar y llall.

Yn fuan wedi hynny cafodd y prif olygydd syniad yn ei ben sut i greu argraff ar ddarpar-ddarllenwyr y *Banier*, y rhai a oedd yn dal braidd yn wrthnysig. Trefnodd argraffu 30,000 o gopïau yr wythnos honno, tra oedd ein cylchrediad yn ddim ond 3,000. Galwodd ar gyfreithwr a'i gael i ddatgan, ar dudalen flaen y papur, mewn llythrennau bras, fod 30,000 copi o'r rhifyn hwn wedi eu hargraffu. Roedd yn amlwg ar unwaith fodd bynnag nad oedd figurau yn gwneud fawr o argraff ar ein trigolion ni. Gellid lawn cystal fod wedi datgan mai 300 yn hytrach na 30,000 a argraffwyd. Ychwanegwyd at y teimlad o iselder ysbryd a fodolai yn ein plith ar ôl methiant y fenter hon pan ddatganodd yr argraffydd nad oedd arno ef eisiau'r holl bapurau diwerth hyn yn ei weithdy a'i fod yn dod â'r cwbl lot i'n hystafelloedd ni, a oedd eisoes yn rhy fychan. Yn fuan iawn doedd dim modd i Joostens a minnau symud rhwng y pentyrrau papur pinc ac fe aeth yn gorfforol amhosibl inni wneud ein gwaith. Dringai Kuypers—a oedd wedi derbyn syniad mawreddog ein prif olygydd yn y lle cyntaf, a thalu amdano—yn ddrwg ei dymer dros y rhagfuriau enfawr yr oeddem wedi gorfod eu hadeiladau yn ein swyddfeydd. Pan syrthiodd o'r diwedd dros rai miloedd o'r rhifyn 'cyfreithlon' arhosodd ar ei eistedd a chyhoeddi ei fformiwla hud: 'Dyn busnes ydw i, dydw i'n deall dim ond arian. Rhaid i chi werthu'r rhain i gyd.'

O ganlyniad i hyn deuthum i gysylltiad â byd busnes am y tro cyntaf. Llwyddais i gael gwared o'r pentyrrau papur am bris gweddol a rhyddhau swyddfa'r *Banier* o'r dilyw papurau. Galwodd Kuypers fi i'w ystafell: 'Mae gennych chi,' meddai 'dalent fasnachol.' Ni newidiodd hyn ddim ar f'argyhoeddiad fod gennyf ymennydd cwbl normal. O'r diwrnod hwnnw ymlaen fi oedd yr unig weithiwr yn ei 'ymerodraeth fasnachol' yr oedd yn ymddiried ynddo. I ddangos ei werthfawrogiad o'm tuedd masnachol rhoddodd swyddfa ar fy nghyfer i fy hun—gweithred a achosodd ar unwaith dipyn o ddrwgdeimlad. Wrth agor rhan ganol y drws clywyd miwsig, y *Wacht am Rhein.* Ond ni chwynodd neb am y dewis di-dact hwn gan gymaint yr oeddynt yn rhyfeddu at y peth! Coronwyd fy llwyddiant yn y byd masnach â chodiad yn fy nghyflog a oedd, hyd yma, a dweud y lleiaf, wedi bod yn grintachlyd iawn. Bob pnawn Sadwrn awn adre'n syth a rhoi'r arian yn ei grynswth i Mam gan ganu'r hen gân:

> Vroutje lief, hier zijn de schijven,
> Zoveel franken wel geteld.

Drwy hyn i gyd teimlodd Mam, a welai yn y codiad hwn ryw arwyddocâd arbennig, fod yr amser wedi dod imi gael swm mwy sylweddol fel arian-poced. Ac felly deuthum i fod, yn fy llygaid fy hun beth bynnag, o'r diwedd, yn ddyn a chanddo dipyn o arian wrth gefn iddo.

VII

Bob dydd roedd gennyf straeon hir i'w dweud wrth Annes am y pethau anhygoel a ddigwyddai yn y swyddfa, oherwydd bob dydd o'r newydd deuai megalomania Kuypers i wrthdrawiad â realaeth bitw ei 'ymerodraeth fasnachol'. Ac ar ben hynny roedd yn rhaid iddo ymdopi ag odrwydd ei staff. Bu raid iddo dderbyn o'r diwedd, ar ôl hir oedi, fy ffordd syml i o gadw cyfrifon: rhoi'r biliau oedd wedi eu talu i gyd ar un hoelen, a'r rhai oedd heb eu talu ar un arall. Ond daliodd i gasáu ceidwadaeth Joostens. Er mwyn dod â'i swyddfa i fyny â gofynion yr oes trefnodd osod ynddi deleffôn-mewnol. Ond gan fod y muriau mor denau a'r tîm-o-dri mor agos at ei gilydd gwrthododd Joostens ddefnyddio'r ddyfais. Pan ffoniai rhywun ef gallai glywed beth yr oedd y llall yn ei ddweud heb wneud fawr o ymdrech, a gallai weiddi ei ateb wedyn yn gwbl ddi-ffwdan drwy'r mur heb fynd yn agos at y teleffôn. Bob tro y dig-wyddai hyn i Kuypers ei hun, gwnâi sylwadau am grymffastau cefn gwlad a ddeuai i'r dref i fyw heb wybod sut i ymddwyn. Roedd pethau'n wahanol yn Chicago a Llundain, meddai,—yno fe erlidid y fath ddihirod oddi ar y strydoedd. Un bore o haf roeddwn i wedi codi'n gynnar a chan nad oedd gennyf ddim gwell i'w wneud, penderfynais fynd i'r swyddfa'n fuan er mwyn cael gweld y dref cyn i'r drafnidiaeth ei throi yn swnllyd a phrysur. Felly tuag wyth o'r gloch roeddwn i'n eistedd yn fy swyddfa gerddorol pan gerdd-odd Kuypers i mewn. Roeddwn i heb agor y llenni, ac yn mwyn-hau'r awyrgylch ddieithr yn yr ystafell dawel. Safodd fy nghyf-logwr yn stond pan welodd fi a heb ofyn beth roeddwn i'n ei wneud yno wedi ei feddiannu gan ei ddelfrydau masnachol, can-molodd fi am fod mor ddiwyd. Er mwyn dangos ei werthfawr-ogiad rhoddodd ddau docyn imi ar gyfer perfformiad i wahoddedigion o Orffews Gluck na allai ei fynychu ei hun. A dyna sut, ar hap, y deuthum i gysylltiad â'r byd cerddorol am y tro cyntaf erioed,—byd a oedd, hyd yna, yn llyfr caeëdig i mi yn ogystal ag i Annes.

Eisteddem, y ddau ohonom, yn teimlo braidd yn anghysurus, ymysg gwŷr a gwragedd a oedd wedi gwisgo amdanynt yn eu dillad min-nos. Edrychais mewn syndod ar yr ysgwyddau noeth a'r cefnau hanner-noeth o'n hamgylch. Fodd bynnag, doedd gweld sioe o'r fath am y tro cyntaf ddim yn fy nhramgwyddo rhyw lawer. Roedd yn amlwg fod ein bwrdeiswyr blonegog yn credu bod Rubens wedi sefydlu canon o reolau unwaith-ac-am-byth na allent wyro oddi wrthynt, ac os oedd y rheolau hyn yn digwydd gweddu i'r ferch y tu ôl i'r cownter neu'r westeies ifanc, yn sicr doedden nhw ddim llai na thrychinebus pan ddefnyddid hwy ar gyfer gwragedd aeddfed a'u cyrff wedi mynd yn llac. Eisteddai Annes yno wrth f'ymyl, yn edrych yn addfwyn a swil yn ei blows wen. Doedd hi ddim mwy na hanner maint y creaduresau trymion o'n hamgylch.

Cyn i'r llen godi cawsom gyfle i fwynhau gwychder yr olygfa, ond ni allem fod wedi dyfalu sut y byddai'r hyn yr oeddem i'w glywed yn dod â lled a mawredd newydd i'n bywydau. Roeddwn i eisoes wedi dod i gysylltiad ag arluniaeth pan welais, ar f'ymweliad cyntaf erioed ag arddangosfa, waith Kokoshka. Gwn imi ymhellach ymlaen ddefnyddio hunan-bortread yr arlunydd hwn bob amser, fel llinyn mesur, heb sylweddoli fy mod i'n gwneud hynny. Roedd hi'n mynd i fod yn union yr un fath gyda cherddoriaeth: ond yma roeddwn i i glywed Orffews fel pregeth broffwydol a theimlo, mewn ffordd ddirgel, fod y ddrama hon, er ei bod yn terfynu'n hapus er mwyn bodloni'r gynulleidfa lygredig, am ddod â lled a dyfnder i dristwch fy mywyd.

O'r funud gyntaf, pan glywais Orffews yn dechrau canu ei alarnad bêr, urddasol, wrth droed bedd ei anwylyd, roeddwn i wedi fy nghyffroi'n ddwfn. Teimlais fod harddwch cytbwys ei dristwch wedi para'n rhy fyr o'r hanner pan ymddangosodd Cariad yn ei sgert gwta a datgan, mewn llais ffug-blentynnaidd, fod 'Cariad wedi dod i'w achub.'

Roeddwn i'n eistedd yno wedi fy nghyffroi hyd ddagrau pan ddechreuodd y ddadl rhwng Orffews ofidus a'r 'ombres, larves' a'r 'spectres terribles'—cysgodion aneglur yn gorwedd mewn pent-yrrau mawr ar lawr y llwyfan. 'Laissez-vous toucher par mes

pleures,' erfyniodd arnynt. Adleisiodd eu hateb 'Na' ar fy nghalon
i, a phan ildiodd y pwerau tywyll o'r diwedd a dangos y ffordd i
Orffews lanio ar y Meysydd Elysaidd a datgan fel y'i cynhyrfwyd
gan yr 'asile aimable et tranquille' hyn, syrthiais yn ddedwydd yn
ôl ar fy sêt. Roedd y *ballet* a ddilynodd (yn ddiweddarach deallais
mai coreograffi eilradd ydoedd) yn edrych yn ogoneddus i mi, a'r
derminoleg,—'alarmes', yn achwyn yn erbyn 'cette fortune
ennemie' a ddilynwyd gan y llef, 'quelle barbarie' a fyddai wedi ym-
ddangos imi tu allan i'r lle cysegredig hwnnw yn chwerthinllyd, yn
fy nghodi i stad o orfoledd. Ond roedd pethau mwy yn fy nisgwyl:
nid oedd dim wedi fy mharatoi ar gyfer yr aria fendigedig lle'r
oedd ailfarw Ewridice yn cael ei alarganu. Eisteddais yno yn ddi-
amddiffyn, yn llydan-agored, a cherddoriaeth Gluck yn taranu o'm
hamgylch. Teimlais bryd hynny fel y gallai colli cariad, yn fwy na
bod yn berchen arno, ddyrchafu dyn. Roedd thema'r gân *'J'ai
perdu mon Euridyce'* yn alarnad aruchel, drist, ond eto'n fuddugol-
iaeth. Syrthiai'r geiriau fel her ar fy nghlustiau: dywedodd
Orffews wrth y duwiau ei fod yn deall eu cyngor am ei fod wedi
colli ei anwylyd ac nad oedd yr aflwydd hwn yn ymddangos yn
ynfydrwydd iddo ef, a'i fod yn hytrach yn barod i gydnabod
mawredd trychineb o'r fath. Fel y gwelodd Pawl y goleuni ar y
ffordd i Ddamascus felly y troes aria Gluck fi i addoli colled ac
aberth. Doedd dim ots gennyf fod yr Orffews hwn, a oedd yn ddyn
ac nad oedd mor hardd â hynny, yn gorwedd ar ben corff tyner
Ewridice, ac roedd arnaf angen hynny o hunan-reolaeth a oedd
gennyf i'm rhwystro rhag gadael y neuadd pan ymddangosodd y
forwyn Cariad eto, a'r bwa a saeth gwirion yn ei llaw, i orchymyn,
mewn llais llon bron, y ddau arwr pruddglwyfus i 'Jouissez
désormais des plaisirs de l'amour.'

Ymhellach ymlaen meddyliais am y cyfrifoldeb ofnadwy sy gan
y beirdd a'r cyfansoddwyr, dynion sy'n medru dylanwadu gydag un
glep ar fywydau a thynged y rhai sy'n gwrando ar eu cyfansodd-
iadau. Roedd gan y Groegiaid a'r Rhufeiniaid gynt eu dirgelion,
dirgelion na wyddom ni fawr amdanynt heddiw, ond eto
gwyddom ddigon i ddeall nad oeddynt yn derbyn neb ond y rhai
oedd yn ddigon cryf i fedru gwrthsefyll y grym arallfydol. Mae'r
forwyn ifanc ar furiau'r Villa Misterii yn Pompei sy'n dal, ar ôl

canrifoedd, i ffoi pan ddengys Serch iddi symbol y Gwryw yn ei fasged wellt, yn cael ei chynorthwyo a'i chynnal.

Cawsom ein taflu yn ddiamddiffyn ar drugaredd telynegol asgetic Gluck, ar erotiaeth masocistaidd Trystan ac Esyllt, ar hunan-anwes Peleas a Melisanda Debussy. Pa sawl gwaith yn ddiweddarach, wedi i dynged Orffews Gluck effeithio'n drwm arnaf, y melltithiais yr opera gan wybod yn iawn na fyddai ei gŵyn wedi medru treiddio i lawr i fêr fy esgyrn pe na bawn i yn agored i'w dderbyn ac yn barod amdano yn y lle cyntaf.

Ar ôl y perfformiad hwnnw o Orffews roedd Annes a minnau o hynny ymlaen wedi gwirioni ar fiwsig fel meddwon ar y botel. Er bod Kuypers, fy nghyflogydd, wedi codi fy nghyflog, doeddwn i ddim mewn sefyllfa i wneud mwy na thalu am sêt rad yn yr oriel uchaf un i Annes a minnau. Oddi yno edrychem i lawr yn ddiflas ar y gwragedd tewion yn eu dillad *décolleté* yn y neuadd, gwragedd a rôi'r argraff, efo'u breichiau cigog, eu bod yn eistedd y tu ôl ymlaen yn eu seddau. Yr unig bobl a'm blinai yn entrychion y Tŷ Opera oedd y gwir gerddgarwyr a ddilynai bob nodyn ar y sgôr yn selog, gan sibrwd eu sylwadau drwy'r amser ar y ffordd o ddehongli'r gosodiad neu ar ystumiau'r arweinydd. Ymddangosai'r pendantrwydd hwn i ni yn bitw, yn diraddio'r hyn oedd yn digwydd ar y llwyfan a'i wneud yn fater o hanner nodyn neu gywair yn unig. Doeddem ni ein hunain ddim yn deall dim ar y sgôr. Yr hyn a wyddem ni oedd bod y nodau'n mynd i fyny ac i lawr. Ond roeddem ni'n ystyried ffug-ysgolheictod bodlon ein cymdogion, wrth ddarganfod bod un o fotifau Wagner yn ailymddangos mewn ffurf wahanol ar ôl awr, yn wirion a thrafferthus.

Ar ôl tymor o fynychu'r opera yn rheolaidd deuthum i'r casgliad fod f'ymateb i'r math hyn o gelfyddyd yn rhy emosiynol. Fe'm teimlwn fy hunan yn mynd yn llythrennol wan, a sylwais hefyd ei fod yn cael ei effaith ar Annes, a eisteddai yno yn ystod y perfformiadau mewn cyflwr o dynerwch a barai imi deimlo braidd yn annifyr, am fy mod yn lled-sylweddoli ei bod yn disgwyl rhywbeth ohonof na allwn ddyfalu'n iawn beth ydoedd, rhyw fygythiad a gonsurid gan gyrn Wagner, gan alarnad dyner Orffews, a chan bathos lled-hysteraidd Esyllt. Roedd popeth a welem gyda'n gilydd ac a garem yn dweud wrthym, mewn ffordd a ddiarddelwyd gan weddill cymdeithas, nad y cyflawniad terfynol a ddisgrifiodd Alfred imi mewn ffordd mor sinigaidd oedd y profiad uchaf mewn cariad, ond yn hytrach y gallu i fwynhau pethau gyda'ch gilydd, a bod hyn yn bleser llawnach a dyfnach a mwy urddasol na'r hyn yr oedd pawb arall o'm hamgylch yn arfer ei flasu. Trwy gyfrwng Gluck, Wagner a Debussy deuthum i weld bod yna ddewis ar gael: naill ai i fyw ein bywyd fel pawb arall (ni allwn gael gwared o symbol y goets bach ar y brif heol) neu brofi bywyd mewn ffordd odidog, mewn ecstasi esthetig-erotaidd *Selbst-vereinung* fel y gwnâi arwyr y gerddoriaeth gyda'r fath hunan-feddiant ac afiaith.

Ar ôl imi fod yn gweithio am ychydig fisoedd ar *De Banier* roedd yn rhaid i Annes hithau ddechrau chwilio am waith. Roedd hi wedi cael addysg ardderchog gan y Chwiorydd hybarch, a gallai wneud gwaith llaw gwych—yn enwedig y pethau hynny wedi eu crosio y mae pob teulu bwrdeisiol yn eu rhoi ar freichiau a chefn soffa neu gadair esmwyth. Y tristwch oedd na welsai Annes druan erioed gadair esmwyth y tu allan i ffenestr siop, heb sôn am eistedd mewn un. 'Allai hi ddim fod wedi dweud, ddim mwy na minnau, y gwahaniaeth rhwng defnydd da a defnydd gwael: gallai unrhyw siopwr craff fod wedi ein twyllo'n hawdd. Roedd ganddi, felly, dystysgrif ardderchog yn cyhoeddi iddi lwyddo yn ei har-holiad terfynol yn yr ysgol gydag anrhydedd, ac roedd hi'n barod felly i wynebu'r byd yn llawn hunan-hyder. Roedd hi'n medru sill-afu'n gywir, a chan fod ganddi reddf gynhenid at ieithoedd roedd hi wedi llwyddo i ddysgu Almaeneg a Saesneg yn bur dda. Gan nad oedd hi'n gwybod y mymryn lleiaf am na llawfer na theipio byddai'n gaffaeliad da iawn i gyflogydd cynnil. Gwnaeth Lohman—llogwr llongau o fewn y wlad yr aeth Annes i'w weld ar ddydd Llun tywyll, yn siŵr ei bod hi'n medru Almaeneg, a gwelodd ei bod yn ddeallus iawn, a phan sylweddolodd hefyd nad oedd hi'n gwybod dim byd am waith ysgrifenyddes roedd o'n ddigon call i gynnig swydd iddi ar unwaith, am gyflog y byddai 'sgubwr ffordd yn ei wrthod yn ddicllon.

Deuthum i adnabod Lohman yn fuan oherwydd awn i nôl Annes o'r swyddfa bob dydd. Dyn busnes craff ydoedd, bychan o ran corffolaeth, enghraifft mor dda o'r teip fel na welais erioed ei well. Roedd mor nodweddiadol o'i fath yn wir fel na allai dyn lai na'i edmygu. Doedd y dywediad 'y drosedd berffaith' ddim eto ar lafar, ond roedd y syniad yn bod. Yr oedd yr hyn a ddywedai Annes wrthyf amdano, a'r hyn a sylwais fy hunan, yn fy llenwi â chymysgedd o edmygedd ac o atgasedd. Roedd ei holl fywyd wedi ei gysegru i'r frwydr yn erbyn nifer o fasnachwyr bychain eraill tebyg iddo ef ei hun. Pan lwyddai Lohman, mewn rhyw ffordd neu'i gilydd, i ddwyn busnes oddi arnyn nhw, doedden nhw ddim yn digio wrtho, nac yn cael eu brifo. Roedden nhw'n gwybod yn iawn eu bod hwythau, ychydig wythnosau ynghynt, wedi chwarae'r un tric arno yntau.

Syfrdanwyd Annes a minnau wrth sylweddoli bod y grŵp bach hwn o ddynion—a ymddangosai i'r cyhoedd fel marsiandwyr sefydledig, ac felly'n gymwynaswyr i'w cymdeithas, yn byw mewn byd lle'r oedd parchusrwydd normal, sylfaen y gymdeithas fwr-deisiol, mor ddieithr ag arferion trigolion y blaned Mawrth, Ond yr hyn a'n synnodd fwyaf oedd bod Lohman a'i gyd-fasnachwyr yn dadau ardderchog i'w plant, yn gymheiriaid pur ffyddlon i'w gwragedd, ac yn eglwyswyr selog neu o leiaf yn anghredinwyr di-fai. Roedd y ffaith fod y fath rwyg yn bod rhwng eu gweithgar-eddau proffesiynol a'u statws yn y gymdeithas yn ymddangos yn ffenomenon mor anhygoel ar y dechrau nes achosi difyrrwch mawr inni, ond fesul dipyn dechreuodd ddweud arnom a pheri inni deimlo'n annifyr iawn. Fe'n gwelem ein hunain fel dau enaid syml iawn ym myd busnes. Adroddwn wrth Annes hanesion f'anturiaethau ar y *Banier,* lle y cynyddai doncwicsotiaeth Kuypers yn feunyddiol a'i arwain byth a hefyd i anawsterau newydd, costus. Dywedai hithau wrthyf wedyn sut yr oedd Lohman yn llwyddo i gadw'i ben uwchlaw'r dŵr, diolch i wyrthiau o ddiwydrwydd a medrusrwydd anghredadwy—er y gallai fod wedi medru ennill ei damaid yn llawer haws ac yn fwy onest wrth gadw siop sglodion ar gornel y stryd.

Doedd hi ddim yn bosib inni ddod i adnabod dynion pwysig yn y byd masnach: doeddem ni'n adnabod neb ond defaid bach ffôl fel Kuypers a fyddai'n siŵr o gael eu cneifio'n y diwedd, a morgwn fel Lohman yn byw ar gyrion y gyfraith ac yn siŵr ryw ddydd o lanio'n y carchar.

Pan fyddwn i'n dweud rhyw hanesyn wrth Mam am yr hyn a elwid yn yr ysgol gynt, 'y byd mawr y tu allan', byddai'n f'ateb â di-hareb bob amser. Ond doedd ymadroddion gwerin o'r fath yn

53

golygu fawr ddim i mi erbyn hynny, a minnau, law yn llaw ag Annes, yn troedio'r llwybr y disgwyliem iddo arwain i fyd gwell, byd glân a phur. 'Wyddwn i ddim ar y pryd, wrth reswm, na ellid cyrraedd byd felly ond drwy brofi poen a chystudd. Pe bai rhywun wedi dweud hynny wrthyf byddwn, yn fwy na thebyg, wedi colli'r nerth i fwrw ymlaen i gwrdd â'r dirgelwch. Ond yn araf y nesaodd tynged, a'n cael yn barod bob amser, ar bob cam o'r ffordd.

Y prawf cyntaf ar ein cariad oedd y gwahanu. Ar ôl blwyddyn bu raid imi ddweud ffarwél wrth y *Banier* a mynd i gyflawni fy ngwasanaeth milwrol.

VIII

Mae'r fyddin yn gwneud dyn o fachgen. Dyna a ddywedid wrthym beth bynnag gan wŷr gwladgarol, a chan gyn-filwyr, hynny efo llawer o wincio a mwmian, wrth iddynt gofio'n hir-aethus am bob egwyl a gawsant o'r ffrynt. Ar ôl bod yn y fyddin am ryw bythefnos dywedais wrthyf fy hun: Ydi, mae'r fyddin yn gwneud dyn o fachgen, yn union fel y mae hwrdy'n gwneud gwraig o forwyn. Roeddwn i, fel arfer, yn adweithio'n ormodol. Magwyd ein cenhedlaeth ni ar sloganau mawreddog megis:. Byddwch yn bendant; byddwch yn rhyddfrydig . . . ac ati. Ac wrth geisio dilyn y cyfarwyddiadau hyn credem y dylem ymddwyn, os oedd angen, yn benboeth ac afresymol. Felly condemniais y fyddin y munud y gwelais y cytiau pren simsan, y bwyd gwael, a'r ymgais at ddisgyb-laeth a oedd, a dweud y lleiaf, yn fympwyol. Fe'm rhoddwyd yn yr adran feddygol. Mewn ychydig ddyddiau roeddwn i wedi newid o fod yn was mewn swyddfa i fod yn gyfuniad o gynorthwywr cleifion a cheidwad cyfrifon mewn ysbyty milwrol yn y wlad. Fy mhennaeth uniongyrchol oedd rhingyll proffesiynol a benderfynodd ar unwaith nad oedd am wneud dim gwaith o gwbl tra oeddwn i yno. Dysgodd imi sut i baratoi'r bwyd angenrheidiol a'm gyrru o gwmpas efo'r meddyg a benderfynai ar y moddion a'r gwahanol brydau. Pan welodd y rhingyll hwn fy mod wedi dysgu digon treuliodd ei ddyddiau yn gysurus ac yn gwbl segur yng nghegin yr ysbyty neu yn un o'r swyddfeydd, gan ymgomio'n ddifyr am oriau â'i hen ffrindiau rhyfel. Consuriwyd rhai o'm cyfeillion i fod yn weision tŷ neu'n forynion bach, ac fe'u gwelid ddydd ar ôl dydd yn mynd â phwdl un o'r uwch-gapteiniaid neu ddau blentyn bach y Cyrnol am dro. Pan wawdiai'r gweddill ohonom y rhain a chwerthin am eu pennau am orfod ymgymryd â'r fath waith, atebent nad oedd yn rhaid iddyn nhw, beth bynnag, blicio tatw. Roedd y mwyafrif o'r bechgyn hyn wedi cael eu troi'n gynorthwywyr cleifion heb gael dim hyfforddiant yn y gwaith.

Roedden nhw, ar y cyfan, yn lletchwith ac aflednais, a doedd y cleifion yn ymddiried yn neb ond yn y lleianod, a oedd yn gwybod eu gwaith ac yn berchen ar y math o haelfrydedd yr oedd cymaint o'i angen ar gyfer y math yma o wasanaeth. Fe'm cedwid yn brysur o chwech o'r gloch y bore tan chwech y nos. Treuliwn ran helaeth o'r dydd yn cerdded wrth gwt y doctor yn ymweld â channoedd o gleifion ac yn nodi pa fwydydd a gyfarwyddai ar eu cyfer. Darganfûm y corff dynol am y tro cyntaf; roedd llawer o'r bechgyn yn dioddef gan boenau mewnol, ac fe daflai'r chwaer y cynfasau i lawr i ddangos oddi tanynt fechgyn yn gorwedd yno'n noeth-lymun. Taenai'r meddyg ei ddwylo sensitif dros eu boliau gan bwyso'n drymach yma ac acw, ac edrych hefyd ar liw eu crwyn. Cyn pen ychydig dechreuais innau gredu y gallwn ddyfalu, fel yntau, o edrych ar y corff, beth oedd yn bod arnyn nhw. Rwy'n cofio amdanaf yn mynd pan oeddwn yn blentyn i eistedd wrth y piano heb wybod dim am gerddoriaeth, a methu deall pam nad oedd fy ymarferiadau gosgeiddig yn tynnu dim ond sŵn aflafar ohono. Cefais fy iacháu'n ebrwydd o'm hunan-dyb peryglus ym maes meddygaeth pan gymeradwyodd y meddyg un diwrnod wydraid o win bob dydd ar gyfer claf yr oeddwn i, o bell, wedi penderfynu nad oedd fawr ddim yn bod arno. Gwyddwn, fodd bynnag, trwy brofiad arwyddion angheuol yr ysbyty, nad oedd ganddo felly lawer o amser i fyw. Ni fedrai'n mamwlad fforddio'r math yna o faldod ond ar gyfer y rhai hynny o'i gweision a oedd ar fin marw, a'r gwydraid min-nos hwn yn unig gysur iddynt. Fwy nag unwaith roedd y botel heb ei gwagio gan y claf ac yn dal yno i'w gymdogion elwa arni ar ôl i'w gorff gael ei gario i ffwrdd o'r tu ôl i'r sgrîn a safai yno i ddiogelu ei funudau olaf yn weddus. Mewn amser byr yn yr ysbyty hwnnw gwelais ugeiniau o fechgyn yn marw: rhai ohonyn nhw yn unig a thawel, yn syllu'n ofidus ar y nenfwd: eraill yn griddfan ac yn ochneidio; ac eraill eto yn marw â rhegfeydd prudd ar eu gwefusau. Ni allwn wneud na phen na chynffon o'r ddrama gymysglyd hon, o achos roeddwn i'n chwilio am eglurhad rhesymegol, llygedyn o reswm yng nghanol yr holl erchylltra, a darganfod dim ond yr hyn a alwai'r offeiriad yn 'ordinhad ddiysgog ac annirnadwy Duw'.

Yr hyn a'm synnodd fwyaf oedd bod yr offeiriad hwn, a oedd hefyd yn cadw cantîn, yn barod i werthu bisgedi melys a theisennau i'r cleifion a oedd yn dioddef o'r gwaedlif, ac felly'n gorfod bod yn ofalus o'r hyn a fwytaent heb yn wybod i'r meddyg, gan gynorthwyo ffawd i gyflawni ei gynlluniau dirgel. Wedi fy rhyddhau o'r byd clownaidd a mympwyol fe'm cefais fy hun mewn sefyllfa lle'r oedd trychineb yn rhywbeth beunyddiol a chreulon. Roeddwn i allan o'm cynefin, a dweud y lleiaf. Yr hyn a'm trawodd ar unwaith oedd amhwysigrwydd bywyd a marwolaeth. Cyn hynny yr unig rai a welais yn marw oedd naill ai hen bobl wedi cyrraedd oed yr addewid neu blant bach a oedd yn rhy wan i ddal i frwydro, ac a syrthiai'n sydyn fel mabolgampwr ar y trac yn ymwybodol o'i wendid. Ond bod pobl ifanc, yr un oed â mi, yn marw am eu bod wedi gorfod byw heb ddigon o fwyd am flynyddoedd, a bod bywyd rŵan yn gofyn am ormod o ymdrech ar eu rhan—roedd hynny y tu hwnt i'm dealltwriaeth. Yn yr ysbyty hwn doedd gennyf ond dau ffrind, dau lanc cyffredin a ofynnai imi ysgrifennu eu llythyrau serch drostyn nhw, ac am fod fy mhrofiad yn y maes yn ymddangos yn annigonol iddyn nhw, yn disgwyl imi weithiau ddefnyddio'u geiriau nhw eu hunain i gyfleu eu teimladau. Roedd Prosper van Willebroek ar y cyfan yn eithaf bodlon ar fy ffrwd delynegol, ond mynnodd imi ychwanegu fel ôl-nodyn: 'Fe awn ni am dro drwy'r coed ac ni fydd yn edifar gen ti!' 'Mi fydd hi'n siŵr o ddeall be' ydw i'n ei feddwl,' meddai. Edrychodd arna' i yn dosturiol wrth ddweud hyn, a'm gorfodi i ddeall beth oedd ganddo yn ei feddwl. Fy ffrind arall oedd Peter van Aerschot. Achosodd ei ohebiaeth serch ef lawer o drafferth imi gan fod ei gariad yn gwbl anfoesol. Tasg anodd oedd cyfansoddi llythyr at y ferch dlos hon oedd wedi gwisgo'r flows sidan wen a gawsai'n rhodd gan Peter i ddenu bachgen arall o'r pentref. Digwyddodd Peter fynd adre ar wyliau yn annisgwyl, a theimlodd ei bod yn ddyletswydd arno i rwygo'r dilledyn hwn oddi ar ei chefn yn y neuadd dddawns. Ond er bod y ddau hyn yn ffrindiau ffyddlon a diddorol imi doedd hynny ddim yn ddigon i'm hatal rhag teimlo mai dim ond yng nghwmni'r Chwaer Beatrix y gallwn ddarganfod esmwythâd a lloches.

Roedd pawb yn yr ysbyty yn cytuno bod y Chwaer Beatrix yn wraig dlos iawn, a chyda llawer o gyfrwystra roedden nhw wedi darganfod mai Netty Dujardin oedd ei henw yn y byd. Roedd ugeiniau ohonom mewn cariad â hi, o achos roedd y nyrsys lleyg, merched aflêr yr olwg wedi aros yn y gwasanaeth ar ôl y rhyfel, i gyd yn dwyn olion llawer rhy amlwg o'u bywydau terfysglyd y tu ôl i'r ffrynt. Roedd Beatrix megis blodyn diarhebol yn tyfu ar domen dail. Cafodd ar ddeall fy mod yn gwybod ychydig o Ladin eglwysig a siarsiodd fi i ddefnyddio'r iaith honno ym mhresenoldeb y claf wrth drafod ei gyflwr. Teimlwn yn falch iawn ohonof fy hun un diwrnod pan ddigwyddais gwrdd â hi yn y cyntedd a minnau wrthi'n darllen un o lythyrau Annes ac yn medru ateb y cwestiwn ar ei hwyneb â dyfyniad o Ganiadau Solomon: 'Vox turturis audita est . . .' clywir llais y durtur yn y wlad. Cyn pen ychydig roedd y Chwaer Beatrix a minnau ar delerau da iawn â'n gilydd—rhywbeth a'm synnai ac a'm drysai. Erbyn hyn roeddwn i wedi bod oddi cartref ers tua dau fis, ac am amryw o resymau nid oeddwn wedi cael cyfle un waith i fynd adre i fwrw'r Sul. Ysgrifennwn at Annes bron bob dydd, ac atebai hithau'n brydlon, ond rywfodd, 'fedrwn i ddim mynegi fy nheimladau tuag ati ar bapur. Yr hyn a wnawn oedd adrodd beth oedd yn digwydd o'm hamgylch. 'Soniais i erioed am yr amryw brofiadau gwrthun a ddaeth i'm rhan, am iaith anweddus fy nghyfeillion, nac am yr holl ymdrybaeddu mewn puteindra a meddwdod yn y pentref ar bwys y gwersyll—yr holl bethau ffiaidd a'm llethai ac a'm llanwai ag atgasedd. Doeddwn i erioed wedi fy mharatoi ar gyfer y math o iaith a gyfeiriai at rannau rhywiol o'r corff fel rhegfeydd byth a beunydd, nac ar gyfer ymddygiad amheus rhai gwrywgydwyr, nac i ddod i adnabod grŵp o gleifion gwenerol yr oedd yn rhaid imi ymweld â nhw bob dydd yng nghwmni'r doctor, pobl yn esgeuluso'r deddfau symlaf ynglŷn â glendid. Un pnawn Sul, a minnau ar ddyletswydd, deuthum o hyd i'r criw hwn y tu allan i ffenestri budr ystafell lle cedwid carcharor sâl. Roedd yr awdurdodau wedi rhoi caniatâd i'w wraig ymweld ag ef, ac roedd y rhain yn disgwyl ei weld yn achub ar y cyfle hwn, a hwythau ar eu pennau eu hunain, i'w ddefnyddio hi'n rhywiol. Cefais hyd iddyn nhw yno, bob un yn penlinio o flaen un o'r ffenestri, wedi eu dadrithio'n llwyr am nad oedd y carcharor yn gwneud dim ond gafael yn llaw ei wraig, a siarad â hi. Pan heliais nhw'n ôl i'w hystafell eu hunain aethant i ffwrdd dan fy rhegi. 'Ddywedais i ddim gair am hyn i gyd wrth Annes, a darganfûm nad oedd y math yma o ymddwyn anifeilaidd yn poeni dim arna' i yn bersonol. Ond eto, cawn fy synnu a'm blino pan deimlwn fy mod innau hefyd yn cael fy nhynnu i mewn iddo mewn rhyw ffordd neu'i gilydd. Roedd yn rhaid imi frwydro drwy'r amser yn erbyn y syniad nad oedd y 'werin bobl'—i ddefnyddio term urddasol—yn ddim mwy na mintai o gnafon nad oeddent yn meddwl am ddim ond am y pethau mwyaf bas ac aflednais. Cwrddais bryd hynny â bechgyn o'r un oedran â mi fy hun nad oedd ganddynt ddiddordeb yn ôl pob golwg, mewn dim ond mewn rhyw peiriannol-oeraidd. Deuai'r rhain yn eu holau o'u gwyliau yn brolio am eu perfformiadau, a threulio'u dyddiau i gyd, a rhannau o'u nosau hefyd, yn trafod yn ddwys a difrifol y record y gellid ei gyrraedd yn y maes hwn. Doedden nhw mae'n debyg yn poeni am nac arian na dyfodol. Yr unig beth oedd yn cyfrif mewn bywyd iddyn nhw oedd eu hantur-iaethau rhywiol. Pan welai'r rhai oedd yn colli had yn ystod y nos, wrth wneud eu gwelyau yn y bore, beth oedd wedi digwydd, safent yno yn rhegi'n dawel—fel pe baent wedi colli ffortiwn. Deuthum i deimlo maes o law bod yr amgylchedd hwn yn dechrau f'ysgaru oddi wrth Annes a'm gwthio'n nes at y Chwaer Beatrix, megis at seintwar. Gofynnais i mi fy hun a oeddwn i wedi syrthio mewn cariad â hi? Ond pan ddywedais hyn yn uchel wrthyf fy hun roedd o'n swnio'n wirion ac yn anweddus. Doedd y ffaith ei bod yn fy hoffi yn fwy na'r lleill, a'i bod yn rhoi ambell damaid blasus imi yn ddistaw bach, ac yn cuddio fy nghamgymeriadau rhag fy mhenn-aeth diog, doedd hyn ond i'w ddisgwyl o dan yr amgylchiadau. Fi oedd yr unig un ymhlith y bechgyn amrwd a phenwan hyn y gallai siarad ag ef, a hefyd ar brydiau ei gael yn gymorth iddi. Gan eu bod yn fy ngweld yn ei chwmni'n aml dechreuodd y lleill fy mhlagio a gofyn imi pa liw gwallt oedd ganddi. Roedd ei phenwisg, wrth reswm, yn cuddio'i gwallt, ond mynnai'r bechgyn fy mod yn ddigon cyfarwydd â hi i wybod hynny. Pan ofynnodd un ohonynt y cwestiwn hwn un diwrnod yn ogystal ag amryw byd o gwestiynau eraill, neidiais arno. Roedd o'n gorwedd ar ei wely ar y pryd ac fe'i syfrdanwyd gymaint wrth fy ngweld i, a adwaenai fel gŵr swil a thawel, yn ymosod arno fel gwrcath, fel nad oedd hi ddim yn anodd o gwbl imi ei fwrw i'r llawr a rhoi dyrnod neu ddau go-iawn iddo. O'r diwrnod hwnnw ymlaen cefais lonydd. Galwent fi'n Mistar Offeiriad, ond doedd hynny'n poeni dim arnaf.

Roeddwn i'n hoff iawn o drafod Annes â'r Chwaer Beatrix, ond wrth edrych ar ei hwyneb glanwaith a'i llygaid clir, dwfn teimlwn yn fradwr. Holai fi am Annes a chyn pen dim cefais yr argraff ein bod ni, Annes, Beatrix a minnau, yn ffurfio trindod ddiwahân. Ond, ar yr un pryd, roeddwn i'n gwybod yn iawn fod yna elfen o amhurdeb ynghudd yn y gyfeillach ddamweiniol hon. Roedd Annes a Beatrix yn sefyll y tu allan i'r byd cythryblus yr oeddwn i fy hun yn byw ynddo, doedd gan eu bywydau nhw ddim i'w wneud â'r budreddi a'm hamgylchynai i ddydd a nos. Roedd y ffaith fod hyd yn oed fy ffrindiau Prosper a Peter yn dynwared y weithred rywiol yn eu gwelyau nes bod y springiau'n gwichian yn perthyn i fyd yr oedd yn rhaid iddo aros yn estron i'n trindod ni. Ni allwn, ac ni fynnwn, fy rhyddhau fy hunan oddi wrth demtasiwn cwmni'r Chwaer Beatrix. Oherwydd, pe bawn i wedi gwneud hynny, byddwn wedi gadael i'm hunan lithro i lawr i wastad isel y bechgyn aflednais ac amrwd o'm hamgylch. O sylwi nad oeddwn yn sôn am neb bron ond y Chwaer Beatrix yn fy llythyrau ati (cuddiwn weddill yr uffern atgas rhagddi)—cyfeiriodd Annes braidd yn ddirmygus, unwaith neu ddwy, at fy 'ngharwriaeth ysbrydol'. Cefais sioc o ddarllen y geiriau hyn a chedwais draw o ystafell y Chwaer Beatrix am ddiwrnod neu ddau gan anfon Prosper neu Peter i nôl y cyfarwyddiadau angenrheidiol. Hyd y funud honno roedd fy mywyd emosiynol wedi bod yn un syml a chytbwys. Rŵan roeddwn i wedi fy rhannu'n ddau: ar y naill law fy mhrofiadau afiach, ac ar y llaw arall Beatrix, a ymddangosai fel glendid ei hun imi, ac a oedd o fewn fy nghyrraedd bob awr o'r dydd, ac Annes, a oedd ymhell i ffwrdd ac yn ddim byd mwy na llais yn codi'n wan allan o lythyr byr, llawn newyddion amhersonol a hanesion bach twt, llythyrau nad oeddynt, mwy na'm llythyrau sych i fy hun, yn sôn dim byd am natur anwahanadwy ein perthynas â'n gilydd nes dod at y llinell olaf un.

Roedd fy ngobaith am wyliau o'r fyddin yn dal i edrych yn o dywyll, ac felly o'r diwedd gofynnais i Annes ddod yno i'm gweld i: Fel roedd hi'n digwydd, roedd yn rhaid iddi ddod ar ddiwrnod gwaith, ac felly dechreuais ymhell ymlaen llaw geisio sicrhau fy mod innau'n medru cael y diwrnod hwnnw'n rhydd. 'Allwn i ddim disgwyl yr un ffafr gan y rhingyll. Roedd hwnnw wedi hen arfer â'i segurdod, a phan ofynnwn iddo weithiau am dipyn o gymorth, gwylltiai wrthyf, a phwyntio at ei fedalau rhyfel—medalau yr oedd wedi eu hennill yn ddigon pell i ffwrdd o'r ffrynt. Doedd dim i'w wneud felly ond gofyn am help y Chwaer Beatrix. Ni chefais fy siomi ynddi hi; meddyliodd ar unwaith am ffordd imi fedru gadael yr ysbyty am awr neu ddwy heb i neb sylwi. Roedd y cwfaint yn ffinio â'r ysbyty, a'r hyn yr oedd yn rhaid imi ei wneud felly oedd cerdded mewn ffordd mor naturiol ag oedd modd allan drwy'r cyntedd, a byddwn yn y lôn a redai hyd ochr yr adeilad.

Dilynais ei chyngor, ond wrth sefyll allan ar y ffordd sylwais fy mod yn y chwarter lle'r oedd fy swyddogion i gyd yn byw. Pe baen nhw wedi fy ngweld yno byddwn nid yn unig wedi cael fy nghosbi ond hefyd wedi cael f'anfon yn f'ôl. Cerddais i'r cyfeiriad yn groes i'r orsaf a darganfod ffordd arall o gyrraedd fy nod. Defnyddid darn o'r ardal hon fel tomen sbwriel gan y cyngor. Dringais dros y clawdd a chripian ymlaen am rai cannoedd o lathenni drwy'r baw a'r llaca. O'r diwedd gallwn sythu'n ddiogel, ond roedd yn rhaid bwrw ymlaen drwy faw y pentref cyfan. Wedi tipyn mwy o lithro a chripian cyrhaeddais yr orsaf, wedi gorfod cymryd ffordd-osgoi hir iawn. Roedd golwg arswydus arnaf erbyn hyn—fel cath newydd sleifio allan o gwter. Dim ond ugain munud oedd gennyf cyn i'r trên gyrraedd, a 'wyddwn i ddim sut i wynebu Annes yn y fath gyflwr. Sefais yn ddigalon yno o flaen ffenestr siop barbwr, yn ystyried fy nghyflwr wrth ddod i gyfarfod ag Annes, wedi fy ngorchuddio nid yn unig â budreddi moesol y bechgyn aflednais ond hefyd, yn llythrennol, â lympiau o faw o domen y cyngor. Roeddwn i ar fin rhedeg i ffwrdd, allan o gywilydd a dicter, pan drawodd fy llygad ar botel o 'Eau de Cologne', copi rhad o'r gwreiddiol, mae'n siŵr. Euthum i mewn i'r siop, prynu potel, a mynd i guddio y tu cefn i un o'r tai. Yno teflais gynnwys y botel i gyd dros fy siwt ddrewllyd, grychlyd a dechrau cerdded yn ôl at yr orsaf, gan deimlo gryn dipyn yn ysgafnach fy meddwl. Yn yr ystafell-ddisgwyl achosais gynnwrf mawr ymhlith yr ychydig ffermwyr a'u gwragedd a eisteddai yno. Ond doedd dim ots gennyf, oblegid ar hynny, fe bwffiodd y trên i mewn a cherddais allan ar y platfform.

Daeth Annes allan o'r trên. Roedd hi'n gwisgo ffrog nad oeddwn i erioed wedi ei gweld o'r blaen; gwyn i gyd. Wrth iddi redeg tuag ataf gwelais y sgert yn chwifio'n osgeiddig o'i hamgylch mewn cannoedd o bletiau mân. Pan gusenais hi gwthiodd fi i ffwrdd am eiliad, wedi ei threchu, roedd yn amlwg, gan y gymysgedd o sawr yr 'Eau de Cologne' a drycsawr amhur y domen. Addewais eglurhad llawn, ond iddi ddod allan o'r orsaf ar ei hunion. Pan glywodd yr hanes cododd ei haeliau main i ddechrau, ond yna torrodd i chwerthin yn afieithus a thaflu ei breichiau am fy ngwddw yno ar ganol y stryd. Cyn imi fynd i gyfarfod â hi roeddwn i wedi bod yn gofyn i mi fy hun yn llawn pryder sut y byddai pethau rhyngom ar ôl tri mis ar wahân. Roeddwn i'n bwriadu dechrau trwy ofyn y cwestiynau arferol am y daith, am ei theulu ac am ein hychydig ffrindiau cyffredin ond, o dan yr amgylchiadau doniol yma, profodd hynny i gyd yn ddiangen; a mynnodd Annes mai'r peth gorau oedd mynd am dro ar unwaith ar y rhostir i chwythu'r aroglau drwg i ffwrdd. Ni ofynnodd ddim o gwbl imi am fy ngwaith yn yr ysbyty, llongyfarchodd fi ar fy ngolwg iach a'm plagio'n fawr am y Chwaer Beatrix. 'Ydi'r lleian dlos 'na wedi gwirioni arnat ti?' gofynnodd yn rhwysgfawr a dirmygus. 'Ydi,' meddwn. 'Mae hi wedi syrthio dros ei phen a'i chlustiau mewn cariad â mi.' Ac yna ensyniodd Annes mai wedi gosod trap imi yr oedd y Chwaer er mwyn imi orfod ymddangos yn y cyflwr truenus hwn o flaen fy nghariad. 'Ond dy *wir* gariad di—dy gariad daearol—sy wedi ennill!' gwaeddodd Annes dros bob man. 'Mae fy marchog dewr wedi ei olchi'i hun drosto mewn 'Eau de Cologne'. Glanach na'r lili wen . . .! ac yn ychwanegu, yng ngeiriau'r Beatrix arall, ac fel yr oedd y persawr a oedd ar fy ysgwydd yn prysur ddiflannu: 'Si presen 't al 't roken'—yn nhraddodiad gorau ein parodïau ar y *Banier.*

Roedd y ffaith fod Annes yn fy mhlagio am y Chwaer Beatrix, a'i bod yn medru chwerthin am ben fy ngolwg druenus, yn codi fy nghalon ac yn peri imi deimlo'n hapus dros ben—yn hapusach hyd yn oed nag yr oeddwn pan welais hi'n chwerthin o ddifrif am y tro cyntaf. Teimlais ryw fywiogrwydd ynddi a wnâi imi deimlo'n fwy swil nag arfer, a llawenydd na ellid ei lethu gan yr aflendid a'm hamgylchynai. Gwyddwn y gallai Annes yn fy lle i fod wedi byw drwy'r profiadau hyn i gyd heb gael ei llygru o gwbl — roedd hi wedi ei harfogi gan natur i wrthsefyll popeth oedd yn ddieithr iddi. Cefais y teimlad fy mod i, er gwaethaf profiadau'r misoedd diwethaf, yn greadur gwan a thlawd iawn ochr yn ochr â'i chryfder a'i phurdeb hi. Yn eistedd yno ar y waun wrth ei hymyl, yn bwyta'n brechdanau ac yn siarad lol, gwelais yn sydyn ac yn eglur fod Annes, merch yr oeddwn wedi ei thrin mewn ffordd mor hunanhyderus o bedantig hyd yma, yn drech na mi. Parodd sylweddoli hyn i mi brofi hapusrwydd, ac am y tro cyntaf erioed sylweddolais y gallai dyn wirioni yn llythrennol ar ferch, a siarad yn ysbrydol (o achos doeddwn i'n gwybod dim am yr ystyr arall).

Pan ddechreuodd nosi cerddasom yn ein holau at yr orsaf. Roedd yr awyr iach wedi melysu fy nillad erbyn hyn. Disgleiriai ffrog wen Annes yn dyner yng ngwyll y platffform ac wedyn am hir fel yr oedd hi'n gwyro allan o'r ffenestr wrth i'r trên ddiflannu. Cerddais yn f'ôl drwy stryd y pentref, heibio i ambell filwr meddw a oedd yn canu caneuon serch, a heb ateb cwestiynau haerllug cwpwl o'm cyd-filwyr a'm gwelsai o bell yng nghwmni Annes, syrthiais i lawr ar fy ngwely. Gorweddais yno'n canu: 'C'est le séjour charmant de la felicité,' nes i un o'm cymdogion daflu ei glustog i'm hwyneb—ac i ddweud y gwir, 'fedrwn i ddim gweld bai arno.

IX

Ar ôl ymweliad Annes doedd arna' i fawr o awydd mynd adre ar wyliau. Teimlwn fod f'amgylchedd newydd wedi fy llyncu'n gyfan gwbl. Roeddwn i'n siglo'n llon, mi dybiwn, rhwng obsesiwn rhywiol diymatal fy nghyfeillion a phresenoldeb beunyddiol dolur ac angau. Dechreuais fwynhau fy nidoliad; roedd llythyrau Annes, a'm hatebion beunyddiol innau, cyfeillgarwch tyner y Chwaer Beatrix, y crwydro hir ar y rhostir porffor, yn ddigon ynddynt eu hunain i'm cynnal rhag y cawodydd o erotiaeth gyntefig a orlifai drosof drwy'r amser. Ar hap—drwy gamddealltwriaeth megis—llwyddais un diwrnod i roi terfyn ar blagio fy nghyfeill-ion. Am nad oeddwn byth yn dweud dim nac yn adweithio mewn unrhyw ffordd i'w cellweirio anweddus, roedden nhw wedi hen benderfynu fy mod i nid yn unig yn condemnio'u hymddygiad, ond hefyd yn rhagrithiwr ffug-dduwiol. Pan atebais un o'u sylwadau unwaith, yn unig am fy mod yn gweld f'ateb yn un ieithyddol dda, edrychasant arnaf mewn syndod i gychwyn, ac yna ddechrau bloeddio chwerthin yn aflywodraethus. Yn ddiarwybod i mi fy hun roeddwn i, fe ymddengys, wedi rhagori ar eu dychymyg mwyaf an-weddus hwy eu hunain. 'Wn i ddim yn iawn hyd heddiw beth yn hollol oedd mor arbennig yn f'ateb, ond o'r un funud honno ym-laen roeddwn i'n cael f'ystyried ganddynt nid yn unig yn gydradd ond yn feistr yn wir ar ffantasi erotig; a daeth f'ateb i fod yn ddi-hareb. Cawn f'ystyried yn ddyn *blasé* iawn, a oedd yn gwybod mwy am y pethau hyn nag yr oedd eu dychymyg gwerinol a gwladaidd nhw yn ei ddyfalu. Ac ar ben hyn i gyd roeddwn i'n darllen llyfrau mewn ieithoedd estron—credent fod Goethe a Byron, a fodient yn chwithig, yn feistri ar wybodaeth ddirgel ym myd serch. Gadewais iddynt goleddu eu rhith. Treiddiodd f'enwogrwydd, fel gŵr prof-iadol ac ysgolhaig, drwodd at fy ngwell, a chan fod y meddygon yn rhoi benthyg llyfrau imi, ac yn fy nhrin fel cyfaill, cododd fy mri yn sylweddol. Cyn bo hir roedden nhw'n credu fy mod i'n hyddysg yn y gyfraith hefyd, a deuent i ofyn fy nghyngor mewn cwerylon â'u cymdogion ynglŷn â wal rhwng y tai, ac am eu rhenti—problemau y ceisiwn eu datrys mewn ffordd mor synhwyrol ddeallus ag yr oedd modd—a hyd yn oed ynglŷn ag ysgariadau. Seliwyd f'enw da am byth pan anfonodd Annes lyfr cyfraith ataf. Roeddwn i mor uchel fy mharch yn wir nes i'm rhingyll o'r diwedd, ar ôl chwe mis o saib, ddychwel at ei waith, er mwyn fy rhyddhau i ar gyfer yr hyn a alwai'n fy 'ymgynghoriadau'. Eisteddwn drwy'r dydd, felly, yn f'ystafell, yn cael y pleser amheus o wrando am chwe awr y dydd ar fy nghymydog, meistr y magasîn, yn canu ei hoff gân: 'Billet doux, billet doux, tendre chose. Amour vrai, passioné ou morose . . .' Bu raid imi egluro ystyr '*morose*' iddo ugeiniau o weithiau, ond daliai i gredu mai rhyw fersiwn wedi ei buro yr oeddwn yn ei gynnig iddo.

Deuthum yn argyhoeddedig yn fuan fy mod yn byw mewn byd gwallgof, llawn mor wirion ac afreal â byd y *Banier* gynt. Dechreuais gymryd pethau'n ysgafn. Yn fwy na thebyg dyma'r unig gyfnod yn fy mywyd imi deimlo'n gwbl optimistaidd. Roedd byw yn yr ysbyty, ymhell o'r dref, yr awyr agored iachus, y ddisgyblaeth, a rheoleidd-dra fy mywyd i gyd yn cael effaith lesol arnaf. Teimlwn mai jôc rithiol oedd bywyd. Dechreuais hoffi'r bechgyn amrwd o'm cwmpas, gyda'u hanghenion cyntefig a'u nwydau elfennol, a chydymdeimlais â hwy. Drwy gydol yr wythnos fe'u blinent eu hunain yn poeni a ddeuent o hyd i gyd-chwarae-wraig barod ddydd Sul. Treuliai rhai ohonynt eu horiau hamdden yn dyfalu a fyddai dyddiau eu gwyliau yn syrthio ar adeg misglwyf eu cariadon ai peidio. Pan oedd hyn yn debyg o ddigwydd gwnaent eu gorau glas i ohirio'r dyddiadau. Wedi dychwel o'u gwyliau wedyn byddent yn brolio wrth ei gilydd am eu perfformiadau a dim ond amheuaeth sinigaidd milwr proffesiynol a allai dorri eu nerf a rhoi terfyn ar eu celwyddau. Un diwrnod pan oedd trigolion y baric i gyd yn sefyll mewn rhes i gael gweld cardiau-post yr oedd un ohonyn nhw wedi dod yn ôl o'i wyliau efo fo, ac arnynt luniau a fyddai'n ddigon i godi cywilydd ar stalwyn cyffredin, fe achosais gynnwrf mawr. Pan wthiwyd y lluniau o dan fy nhrwyn dechreuais floeddio chwerthin. Doedden nhw ddim yn deall f'adwaith o gwbl achos roedden nhw eu hunain yn trin yr enghreifftiau amheuthun hyn o grefft y graffydd â rhyw fath o barch eiddigus. I mi roedden nhw'n edrych yn blentynnaidd a doniol. Gwyddwn na allwn ddal i'w twyllo nhw am byth achos roeddwn i'n anwybodus iawn ym maes llên gwerin erotig, a'm bri wedi ei seilio ar gamddealltwriaeth. Ond roeddwn i mor wyliadwrus â'r sarff Feiblaidd ac mor bur â'r golomen wen, er nad oedd y diweirdeb hwn i'w briodoli i unrhyw rinwedd gynhenid ynof i.

Un noson olau, oer iawn, roeddwn i'n cerdded drwy dramwyfeydd yr ysbyty, yn teimlo'n ymwybodol fy mod wedi tyfu'n bersonoliaeth yn y lle gwallgof hwnnw. Yn sydyn sefais yn stond a dweud wrthyf fy hun: twyll ydi hyn. Rwyt ti'n gadael i'r trueiniaid hyn feddwl nad ydyn nhw, yn eu maes eu hunain, yn ddim mwy na babanod o'u cymharu â thi. Y gwir ydi, dwyt ti'n gwybod dim byd am y pethau hyn a does arnat ti ddim eisiau gwybod chwaith. Yr unig beth sy arnat ti ei eisiau ydi priodi efo Annes, cenhedlu plant a byw y math o fywyd y rhagwelodd dy ffrind Alfred—bwrdeisiol, undonog, marwaidd. 'Le bourgeois est un cochon qui veut mourir de vieillesse,' i ddyfynnu Bloy. Ai dyna sy arnat ti ei eisiau? Ai dyna yw byw, chwarae efo llythyr cyfraith, dy fodolaeth wedi ei sefydlu ar lygredd nad wyt ti'n gwybod dim amdano? Safle o rym ymhlith haid o labystiau anllythrennog? 'Plus est en vous' meddwn, ond gan ychwanegu ar unwaith mewn Ffrangeg amheus: 'Est plus en vous?' Penderfynais fod rhaid imi ddarganfod ffordd allan. Dydw i'n gwybod am ddim ond am arian, datganai Kuypers. Mi fedri dithau ddweud: Dydw i'n nabod neb ond bechgyn nad ydyn nhw'n dymuno dim amgenach na chael cysgu efo merch heb genhedlu plentyn. Oherwydd talp o gnawd ydi plentyn sy'n sgrechian yn y nos a'th gadw'n effro, nid y fendith ddirgel yr wyt ti'n ei dychmygu. Yn wir doeddwn i erioed wedi clywed fy nghyfeillion chwantus yn dweud eu bod am i'w had ddwyn ffrwyth. O'r diwedd roedd yna gymaint llai o waith yn yr ysbyty fel y pwysodd y rhingyll arnaf i gymryd egwyl. Bu mor garedig yn wir â chynnig ychydig o ddyddiau ychwanegol imi. Bu'r gwyliau hyn yn faen prawf imi, o achos y munud y cyrhaeddais adre dechreuais deimlo'n anghysurus iawn ac estron. Roedd yr awyrgylch, a oedd mor gwbl wahanol i'r un roeddwn i wedi dod i arfer ag ef, yn ymddangos yn artiffisial. Cymaint o barchusrwydd, cymaint o drefn a thawelwch ysbryd—roedd hyn i gyd yn ymddangos i mi yn annaturiol. Awn i nôl Annes o'r gwaith. Aem am dro drwy'r hen dref i weld y llefydd lle'r oeddem ni'n arfer mynd. Teimlwn fel twrist dieithr, a gwrandawn â'm meddwl ymhell i ffwrdd ar Annes yn traethu am ei gwaith a'i theulu. Cawn fy ngalw i gyfrif dro ar ôl tro gan is-swyddogion a'm ceryddai am gerdded fraich ym mraich â merch. Ac unwaith galwodd Is-gapten fi hanner canllath yn f'ôl am nad oeddwn wedi ei saliwtio'n gywir yn ôl rheolau'r gelfyddyd honno. Safodd Annes yno wedi ei syfrdanu'n lân yn edrych ar y sioe wirion hon a minnau'n teimlo nad oedd arna' i eisiau dim yn fwy na bod yn f'ôl eto ymhlith fy nghleifion a'm gweilch o gyd-filwyr. Er mwyn medru gwrthsefyll y demtasiwn i ddychwel yn gynt nag yr oedd angen gwisgais fy nillad sifil. Treuliais nos-weithiau hirion yng nghartref Annes a dod i weld bod fy ngwasan-aeth milwrol wedi fy ngwneud yn ddyn yn llygaid ei brodyr. Mae'r fyddin yn wir yn gwneud dyn o fachgen. Daliai ei chwaer Carla i'm trin gyda dirmyg caredig. Roedd ei hegni hi a'i hoptimistiaeth yn gymaint fel eu bod bron yn ormod i ni'n dau. Roedd rhywbeth yn wrywaidd ynddi, rhywbeth a'm hatynnai a'm brawychu yr un pryd. Ffrydiai holl nerth iachus creadures gefn gwlad ohoni—rhywun nad oedd erioed wedi ei niweidio gan fywyd tref. Doeddwn i ddim yn meddwl ei bod hi'n dlos, ond fel yr amaethwyr yn lluniau Rubens roedd hi'n gyntefig iach yr olwg, ac yn y cyswllt hwnnw doedd gan y gair tlws fawr o ystyr. Roedd gan Annes osgeidd-rwydd eiddil a'm gwefreiddiai a'm swyno, rhywbeth oedd yn gwbl absennol yn Carla. Ond eto pan oedd Carla'n gorfod gweinyddu fel *chaperone* anfodlon inni, byddai ei bywiogrwydd hi, ei chalon gynnes, a'i hurddas naturiol wrth siarad am holl ofalon ei mam yn f'atynnu gymaint nes iddi hithau sylwi arno a gofyn imi, un diwrnod, ym mhresenoldeb Annes: 'Pwy wyt ti'n dod i'w chan-lyn, fi 'ta Annes?' Teimlais yn bendant mai dial ar bopeth oedd yn anwrol ynof ac yn hawdd ei niweidio yr oedd wrth ofyn y cwestiwn direidus hwn. Edrychodd Annes yn od arnaf, er ei bod wedi hen arfer â siarad plaen, swta bron, ei chwaer. Am eiliad roeddwn i ar fin amddiffyn fy urddas gwrywaidd drwy ddefnyddio rhai o'r ymadroddion theatraidd allan o'r eirfa roeddwn wedi ei dysgu yn yr ysbyty ynghyd ag amrywiaeth o sylwadau ar y wraig fel offeryn trachwant y gŵr. 'Wneuthum i mo hynny, fodd bynnag, am fy mod yn sylweddoli mai fy narostwng fy hun y byddwn; ond ymhellach ymlaen meddyliais lawer am yr achlysur hwn, a chael y teimlad cywilyddus nad oeddwn, yn y bôn, yn wahanol i'm cyfeillion.

67

Teithiais yn f'ôl i'r gwersyll ar drên nos. Roedd Annes wedi ffarwelio â mi yn dawel a diddeigryn, ac er fy mod innau'n teimlo'n anhapus iawn wrth ei gadael, eto unwaith yr oeddwn yn y gerbydran deuthum yn rhan o gwmni cyfeillgar, garw, hannermeddw, a chwbl rydd y bechgyn eraill oedd yn dychwel i'r gwersyll o'u gwyliau. Yn ffodus, roedd hi'n hwyr iawn pan gyrhaeddais y baric, ac felly cefais arbed gorfod wynebu'r cwestiynau arferol, ac erbyn bore Llun doedd neb yn teimlo fel plagio'i gyfeillion. Gofynnodd y Chwaer Beatrix imi sut oedd y durtur, a theimlais yn falch o fedru ei hateb eto drwy ddyfynnu o Ganiadau Solomon.

Yn ystod yr wythnosau a ddilynodd archwiliais fy nghydwybod yn fanwl. Yn gyntaf sylweddolais fy mod yn f'ystyried fy hun yn well na'm cyfeillion nid yn unig yn feddyliol—yr hyn a allai fod yn wir—ond hefyd yn foesol: iddyn nhw y peth pwysicaf mewn bywyd, yr unig destun a'u meddiannai'n llwyr, oedd cael cyd-gysgu â merch yn ddiganlyniad a heb gyfrifoldeb. Rhan oddefol yn unig oedd gan y ferch i'w chwarae, a phe digwyddai un o'u cariadon achlysurol ddangos rhyw fath o frwdfrydedd, achosai hyn syndod tramgwyddol iddynt. Hwren oedd gwraig fel'na. Ar y cyfan doedden nhw'n gweld dim o'i le mewn gwneud merch yn feichiog — un o beryglon y gêm oedd hynny iddi hi. Roedd eu trais anghelfydd hwy *bob amser* yn wrol. Y munud y dechreuai'r ferch gymryd rhan yn yr hyn a alwent yn 'hwyl' roedd hynny mewn rhyw ffordd yn lleihau rôl y gŵr. Wrth ystyried seicoleg-tyrfa fy nghyfeillion syml, a bron dod i'r casgliad mai haid o anifeiliaid oedd y werin, bu raid imi gydnabod bod rhai ohonyn nhw, fodd bynnag, ar eu pennau'u hunain, yn ymddwyn yn dra gwahanol a'u hobsesiwn erotig yn diflannu bron yn gyfan gwbl. Gallent siarad yn ddeallus ac yn ddiddorol am eu ffermydd, neu am eu gwaith yn y ffatrïoedd briciau, neu yn y porthladd. Gwyddent na allent eu mawrygu eu hunain yn fy ngolwg i wrth frolio am eu llwyddiannau don-jwanaidd yn y pentrefi neu'r strydoedd-cefn, ac felly siaradent yn ddidwyll a hiraethus am eu gwaith a'u cartrefi. O'r diwedd deuthum i weld mai canlyniad cyd-gyffroi mewn math o ffwrnais rywiol oedd eu hafledneisrwydd nwydus, rhywbeth mewn gwirionedd mor ddieithr i'w bywydau naturiol nhw ag oedd fy ngharwriaeth ysbrydol â'r Chwaer Beatrix yn fy achos i. Lle'r oeddwn i, hyd yma, wedi eu drwgdybio yn grachysgolheigaidd ac wedi edrych i lawr arnyn nhw yn ffroenuchel, dechreuais eu deall yn awr, a chydymdeimlo â nhw. Deuthum yn ffrindiau mwy clòs â Peter a Prosper, a'm derbyniodd bron ar unwaith fel cydradd a chyfaill ac eto'n dal i edrych i fyny ataf. Pan fyddwn i'n methu rhoi ar ddeall i un o'n cyd-filwyr neu glaf beth roeddwn i'n ei ddweud, am fy mod yn defnyddio geiriau rhy lednais, roedden nhw'n llwyddo i ddatrys y broblem imi bob tro drwy drosi'r hyn y ceisiwn ei ddweud i dermau garwach yn cynnwys, o anghenraid, bob amser un neu ddau o regfeydd. Synnwn at eu gallu i newid eu cariadon bob yn ail fis o leiaf, a dal i ganlyn nifer o ferched eraill hefyd ar y slei. Roedd yn amlwg mai *y* wraig yr oedden nhw'n ei charu ac nid *gwraig*.

Un noson pan oeddwn i'n cerdded eto hyd dramwyfeydd yr ysbyty—roedd hyn wedi mynd yn arferiad gennyf, arferiad a'm cynorthwyai i edrych i mewn i mi fy hun megis — deuthum i sylweddoli bod fy mywyd emosiynol yn cael ei reoli gan bedair gwraig, ac nad oedd gennyf, heblaw am fy mhartneriaid syml Peter a Prosper, lawer o gyfeillion gwrywaidd y gallwn ddweud fy mod yn eu hoffi ryw lawer. Yn gyntaf, dyna Mam, yr oedd arnaf ei hofn, ac na ddeuthum i'w charu ond yn ddiweddar iawn yn fy mywyd. Wedyn Annes, a ddylasai fod yr unig un i mi. Ond roedd Carla hefyd, ei chwaer. A Beatrix. Dechreuais deimlo'n euog. Sylweddolais fy mod yn teimlo'n fodlon yn absenoldeb Annes, a bod fy llythyrau dyddiol ati yn caniatáu imi fod yn llawer mwy rhydd ac yn fwy agored nag y gallwn fod yn ei chwmni. Ac roeddwn i'n tramgwyddo hefyd, ddydd ar ôl dydd, drwy fwynhau cyfeillgarwch diymhongar a thawel y Chwaer Beatrix, yr oeddwn yn darganfod nerth a hapusrwydd yn ei hagosatrwydd glân. Yr hyn a deimlwn tuag at Carla oedd atyniad, wedi ei fritho â rhywfaint o ofn. Doeddwn i'n golygu fawr ddim iddi hi, ond roedd hi'n destun syndod imi bob amser. I'r Chwaer Beatrix doeddwn i'n ddim mwy na chyfaill caredig dros dro. Ni allai hithau, yn y dyfodol, fod yn ddim mwy na choffadwriaeth dyner i minnau. Na, doedd 'na neb ond Annes yn fy mywyd mewn gwirionedd; roedd yn rhaid imi ddysgu gwneud heb y lleill. Chwarae rhannau atodol yr oedd Carla a Beatrix, tystion i'm hapusrwydd i, ac i'n hysblander ni.

Yn hwyr un pnawn cerddais i mewn i ystafell y Chwaer Beatrix. Roedden nhw newydd ddod â chlaf i mewn ac roedd hithau'n dechrau gofalu amdano. Gan fod y bachgen yn angheuol o wael roedden nhw wedi gosod sgrîn o'i gwmpas. Cerddais y tu ôl i'r sgrîn. Roedd y bachgen yn gorwedd yn noethlymun ar ei fol a'r lleian yn golchi ei gorff llaith â sbwng meddal. Sefais yno am ysbaid yn edrych ar y ddau. Roedd golwg mor hardd ar y claf, fel Adonis ifanc ar ei wely angau. Gofynnodd y Chwaer Beatrix imi ei helpu i'w droi, o achos roedd o, yn ôl pob golwg, yn anymwybodol. Wedyn, ar ôl inni ei droi, safodd yno am funud, y sbwng yn ei llaw, yn syllu ar y corff a edrychai fel un o'r hen arwyr efo'r cluniau cryfion a'r ysgwyddau llydain, urddasol. Cododd y cynfas dros ran isaf ei gorff, a rhwbio'i fron yn dyner â'r sbwng gwlyb. Torrodd haul yr hwyr yn ddisymwth o du ôl i gwmwl a ffrydio drwy'r ffenestr, yn goch goch. Ochneidiodd y bachgen. Ni allwn lai na dweud: 'Comme il est beau,' a theimlo ar unwaith fy mod wedi dweud gormod, neu ry ychydig efallai, ym mhresenoldeb bygythiol angau. Safodd y Chwaer Beatrix yn llonydd am ennyd, yn edrych i fyny arnaf. 'Oui, il est beau', meddai 'mais il va mourir.' A oeddwn i wedi gweld yn iawn? Ar ôl cynifer o flynyddoedd mae'n anodd bod yn siŵr. Ond credais imi weld gwên dyner yn chwarae o gwmpas ei cheg wrth iddi ddweud hynny. Gwên wybodus, gwên y sawl sy'n credu bod angau yn drech na bywyd ac sy wedi ei hysgaru ei hunan oddi wrth fywyd, ac yn edrych yn ddirmygus ar weithgareddau y sawl sy'n ddigon ffôl i fethu deall pwynt mor hanfodol. Roedd Beatrix yn edrych mor dawel a hunanhyderus wrth ddal i olchi aelodau'r bachgen claf yn ystod y munudau nesaf fel na allwn reoli'r teimlad o gasineb a gododd ynof yn sydyn yn erbyn y tawelwch a'r sicrwydd prudd hwn. Doedd arna' i ddim eisiau cael fy nhynnu i mewn i fod yn rhan o'i buddugoliaeth dduwiol hi, a dywedais yn uchel, gan edrych yn syth o 'mlaen: 'Fe fyddai rhywun yn meddwl eich bod yn mwynhau hyn . . .'

Cerddodd y Chwaer Beatrix yn ddistaw allan o'r ystafell. Awr yn ddiweddarach fe'm galwyd o flaen fy ngwell a chlywed fy mod i gael fy symud i'r brifddinas am imi ymddwyn yn anfaddeuol ac anghwrtais tuag at y chwaer Beatrix. Ni chefais ffarwelio â hi.

X

Pan euthum i'm cyflwyno fy hun i'm pennaeth newydd, y Cyrnol Tussort, yn y brifddinas, wedi fy ngorchymyn i archwilio'r cyfrifon yn yr ysbyty milwrol, fe'm derbyniwyd er mawr syndod imi â breichiau agored. Math o Falstaff oedd Tussort, cawr o ddyn, ac fel y gwelais yn nes ymlaen, homer o yfwr hefyd. Heblaw am y ddiod roedd ganddo un hobi arall: gwrthglerigaeth. Roedd fy mhapurau trosglwyddo wedi rhoi gwybod iddo fy mod wedi sarhau lleian. Felly cefais groeso twymgalon ganddo. A pheth arall, fel yr eglurodd wrthyf, roedd y symud i'r brifddinas yn ddyrchafiad mewn gwirionedd. Roedd cadlywydd yr ysbyty yn wrthglerigwr hefyd, ac roedd arno ef, un o ffrindiau mawr Tussort, eisiau gwneud cymwynas â chyd-grefyddwr.

Trawodd Tussort fi'n galed ar f'ysgwydd a gofyn beth a wneuthum i i'r lleian. 'Allwn i ddim dweud y gwir wrtho a deuthum allan ohoni drwy ddefnyddio'r eglurhad yr oedd fy nghyfeillion wedi ei gynnig: 'Querelle d'amoureux,' meddwn tan chwerthin, ac edrych yn gellweirus arno. Derbyniodd Tussort yr eglurhad hwn, ac edrychodd arnaf fel pe bawn yn rhyw fath o Gasanova o fri. Rhoddwyd gwaith clercio braidd yn ddiflas imi i'w wneud, ac roedd yn rhaid imi yn ogystal, ddau ddiwrnod yr wythnos, ofalu am luniaeth i'r milwyr proffesiynol yn y swyddfa. Awn i nôl cig iddyn nhw o'r lladd-dy y pen arall i'r dref, a chario'r nwyddau groser ar drol-law o storfa'r fyddin yng nghanol y dref. Ar ben hyn rhoddwyd gwybodaeth fanwl imi am holl afiechydon—rhai cudd yn ogystal â rhai parchus—fy swyddogion, eu gwragedd, a'u cariadon er mwyn imi fedru mynd i nôl y moddion iddyn nhw o fferyllfa'r fyddin unwaith yr wythnos heb wneud camgymeriad ynglŷn â chlwy gwenerol y swyddogion a phoen bol yr uwch-gapten. Roeddwn i'n barod iawn i gyflawni'r negeseuon anodd hyn i gyd yng ngwasanaeth y wladwriaeth am eu bod yn rhoi cyfle imi i ddianc am o leiaf ddeuddydd a hanner yr wythnos o'r swyddfa lychlyd i grwydro o amgylch y dref fywiog. Cofiwn yn dosturiol am fy nghyd-filwyr yn yr ysbyty yn gorfod gweithio fel morynion bach i'r swyddogion. Cyn pen ych-ydig roeddwn i'n teimlo'n anhepgor, a dechreuodd hynny ddangos yn f'ymddygiad. Esgeulusais fy ngwaith clercio er mwyn rhoi amser i astudio rhestri prisiau storfeydd y fyddin. Un diwrnod dywedodd Tussort yn sydyn ei bod hi'n hen bryd inni adfer y ddisgyblaeth yn ei swyddfa. Gorchmynnodd fi i gymryd bwced a mynd i'w lenwi â thywod gwyn ar gyfer ei gathod—iddyn nhw gael porthi eu hanghenion yn ddidrafferth yn y tŷ. Doedd gennyf ddim yn erbyn cerdded drwy'r dref efo llond bwced o dywod yn fy llaw, ond doeddwn i ddim yn credu bod fy nyletswydd i'm mam-wlad yn cyrraedd cyn belled â gofalu am anghenion cathod fy mhenaethiaid. Felly gofynnais iddo ai gorchymyn oedd hyn. 'Oui, c'est un ordre, soldat,' meddai. Codais y teleffôn oedd yn sefyll o'm blaen ar y bwrdd ac archebu tacsi. Gadawodd Tussort lonydd imi mewn syndod, a gofyn wedyn i beth yr oedd arnaf eisiau tacsi. Atebais innau'n gwrtais fod gan ei gathod hawl i wasanaeth cyflym. Wrth imi adael yr ystafell, a'r pum clerc arall yn plygu'n ddiwyd dros eu ffurflenni yn ofni gweld Tussort yn colli ei dymer yn ei ffordd ddihafal ef ei hun, fe'i clywais yn dweud, yn ddigon uchel i sicrhau fy mod i'n ei glywed: 'Il a des couilles, ce garçon' — y ganmoliaeth uchaf y gallai ei rhoi i neb.

Wedi f'arfogi â'r fath dystysgrif cefais amser pur ddymunol o hynny ymlaen. Teimlwn yn esmwyth am nad oeddwn bellach wedi f'amgylchynu gan haid o fechgyn â'u nwydau ar dân. Roedd y milwyr proffesiynol yr oeddwn yn gweithio fel negesydd iddynt yn ddynion digon digyffro. Tri pheth yn unig oedd ganddynt yn destun sgwrs, costau byw, y codiad cyflog rheolaidd, a'r posibil-rwydd o ddyrchafiad. Canolbwyntiai Tussort—gan nad oedd ganddo fawr o ddyfodol yn y fyddin o achos ei bartïon gwyllt—ar ddiod a llenyddiaeth erotig. Tra oedd fy nghyfeillion a minnau yn gorfod gweithio yng nghefn tywyll yr hen westy preifat, treuliai ef ei ddyddiau yn eistedd ar y feranda gerllaw yn edrych yn feddylgar ar ieir a cheiliog y porthor yn crwydro o gwmpas yr ardd. Hyd y gwn i Tussort yw'r unig naturiaethwr i restru'n academaidd nifer gweithredoedd rhywiol y ceiliog. Edrychai fy nghyfeillion ac yntau gyda pharch ar y cyfanswm. Meddwn wrthyf fy hun unwaith, rydw i wedi glanio mewn seilam; unwaith eto mae'r erotig ynghlwm wrth y grotésg. Pam roedd rhywbeth felly yn poeni llai arnaf na'r wên—boed rith, boed ddilys—ar wyneb y Chwaer Beatrix, gwên nad oedd yn gwneud dim amgenach na thanlinellu ffaith amlwg?

Un bore, a minnau wedi cyrraedd y swyddfa hanner awr yn gynnar, deuthum o hyd i Tussort yn eistedd wrth ei ddesg, yn amlwg heb gael digon o gwsg, ac yn dangos olion cyfeddach hir. Gadawodd i hyd yn oed y ceiliog fynd ei ffordd heb sylwadaeth. Gorchmynnodd fi i fynd ar unwaith i glwb nos lle'r oedd wedi rhedeg i ddyled a thalu iddyn nhw ar ei ran. Cerddais efo'r arian yn fy llaw i'r hen ardal yng ngwaelod y dref, a dod o'r diwedd at gaffi oedd yn dal ar gau. Pan genais y gloch daeth gwraig tua thrigain oed, amheus yr olwg ac anhygoel o flêr, i agor imi. Pan gynigiais yr arian iddi syrthiodd ei cheg a'i gwnwisg yn agored yr un pryd. Roedd yn amlwg nad oedd hi erioed wedi disgwyl cael ei thalu. Gan imi ofyn am dderbynneb galwodd fi i mewn i'r hyn a alwai'n *salon*. Agorodd len trwchus, a'm gwthio ar gadair isel, seimllyd. Doedd yr ystafell ddim wedi ei hagor eto ac roedd aroglau diod fflat a sigarennau cryfion yn dal i hongian fel cwmwl yn yr awyr. Ar y muriau roedd printiau o'r *Vie Parisienne*. Cynheuodd y westeies un lamp fechan yn ddarbodus, a chyn dechrau ysgrifennu'r dderbynneb tynnodd allwedd allan o'i phoced ac estyn potel o *cognac* allan o gwpwrdd a thywallt gwydraid imi. Gwthiodd gwraig ifanc welw, a wisgai ŵn pinc, ei phen rownd y drws a chafodd ei herlid ymaith â geiriau sarhaus. Yn y cyfamser roedd meistres yr hwrdy wrthi'n traethu ar sefyllfa'r milwr cyffredin, o achos roedd y swyddogion, meddai, yn medru fforddio taflu eu harian i ffwrdd, fel y gwyddwn yn iawn: felly, os oeddwn yn siŵr nad oedd y Cyrnol yn bwriadu dod i ymweld â'i sefydliad ryw noson neu'i gilydd roedd croeso imi ddod yn ei le, a chael cymryd fy newis yn rhad ac am ddim. Roeddwn i newydd roi fy llaw i lawr yn ddifeddwl ar fwrdd bach crwn yn yr hanner tywyllwch ac wedi cyffwrdd â phwll bach o win oedd wedi colli arno, ac roedd fy stumog, a oedd eisoes yn teimlo'n fisi, yn gwrthryfela. Dechreuais chwerthin yn afieithus, a dywedais wrth yr hen wrach na fyddwn i'n cyffwrdd â'i chynnyrch am bris yn y byd. Gan fod ei harian eisoes yn ddiogel yn ei llaw gallai fforddio fy nwrdio'n enbyd: 'Dos odd'ma'r Sant Joseff bach,' gwaeddodd. 'Wel,' meddwn innau, 'mae'r Cyrnol yn dweud, beth bynnag . . .' ond cyn imi gael amser i ddyfynnu o'm tystysgrif 'gwraidd' megis fe'm cefais fy hun yn sefyll y tu allan yn yr awyr iach aeafol fendigedig a'r drws wedi ei gau'n glep ar f'ôl.

Y dydd Sadwrn wedi hynny dywedais wrth Annes sut yr oeddwn, yn rhinwedd fy swydd, wedi gorfod mynd i ymweld â hwrdy am ddeg o'r gloch y bore. Pwysodd hithau arnaf ar unwaith, yn dawel, i adrodd y stori i gyd wrthi yn fanwl. Roedd hi'n gwybod yn iawn sut i gwtogi ar fy hanesion i'w gwir faint, ac erbyn imi orffen fy stori roeddwn i'n teimlo fel y bachgen bach yr oeddwn i mewn gwirionedd. Annes fach, fy nghariad gall, ceryddaist fi fil o weithiau yn ddistaw am fod yn egoistaidd ac ymffrostgar! Ar y pryd roeddwn i'n ceisio'i hargyhoeddi mai jôc ysmala oedd bywyd: ffârs a berfformid gan actorion yn siarad fel arwyr a mawrion byd ar y llwyfan, ond y munud yr oedden nhw'n sefyll yn yr esgyll, yn pwyso'u dwylo ar eu llwynau poenus neu ar eu herniau. Ffârs druenus a gyflwynid gan gomediwyr mwy truenus fyth. Fe geisiai Annes, na ddeuai i gysylltiad â neb ond â'i theulu hi ei hun, a'i meistr—twyllwr bach dibwys yn y byd masnach gwaradwyddus—ceisiai hi wneud imi weld bod y byd yr oeddwn i'n digwydd byw ynddo ar y pryd yn dylanwadu'n rhy drwm ar fy syniadau, a bod bywyd cyffredin, bywyd bob dydd, yn gwbl wahanol i'r ffârs wirion yr oeddwn i'n actio ynddi yn erbyn f'ewyllys. Cytundeb i ofalu am forynion plant, negesyddion a gweision bach i'r swyddogion, dyna oedd fy mywyd yn y fyddin. Ac yna, yn ddistaw, dywedodd Annes wrthyf fod ei chefnder wedi ei ladd ar y ffrynt. A minnau wedi bod yn ceisio disgrifio wrthi mewn geiriau bwriadol niwlog awyrgylch yr ysbyty a'r swyddfa. Gwyddai sut i beri imi weld gerwinder a rhamantiaeth fy nedfryd a oedd mor annheg ac anystyriol. 'Nefoedd annwyl, Annes,' meddwn, 'mi fasat ti'n maddau i'r diafol ei hun.' 'Oni wnaeth Duw hynny?' meddai. 'Gadawodd iddo fo fodoli, do, a dal i roi llawer gormod o siawns iddo fo hefyd.' Ond 'fyddwn i byth yn dadlau efo Annes ar dir diwinyddol: un o'r ffyddloniaid oedd hi, yn dawel sicr, yn naturiol grefyddol, ond nad oedd byth yn ffug-dduwiol.

Gan fy mod yn awr yn nes adre ac yn medru mynd yno bob yn ail wythnos doeddwn i ddim yn ysgrifennu llawer at Annes, ac wedyn

74

dim ond llythyrau byrion yn dweud pryd y byddwn yn cyrraedd neu'n trafod cynlluniau ar gyfer y Sul. Roedd f'unigrwydd ar ben, ond doeddem ni ddim wedi'n huno eto. Edrychwn ymlaen yn ddiamynedd at ddiwedd fy ngwasanaeth milwrol heb feddwl yn rhy fanwl am y dyfodol. Roedd fy ngwaith ar y *Banier* a'm gweith-garwch presennol—dwy flynedd o gymysgu efo ffyliaid o bob math, rhai trist a rhai ysmala—yn dechrau gadael ei ôl arnaf. Teimlwn fod arna' i angen bywyd cytbwys, a gwaith ystyrlon. Byddwn yn fy rhybuddio fy hun weithiau gan ddweud: Yr hyn sy arnat ti ei eisiau ydi cael bod yn fwrdeisiwr da. A dyna wyt ti yn barod mewn gwirionedd, gan dy fod ti'n edrych mor ddirmygus ar y creaduriaid bwrlesgaidd o'th amgylch. Ond erbyn hynny gallwn honni mai ceisio cadw fy nghydymdeimlad yr oeddwn ar gyfer y rhai oedd yn ei wir haeddu, pobl mewn trallod neu mewn cyflwr o ddarostyngiad. Mae bwrdeisiwr, dywedais wrthyf fy hun, yn **rhywun sy wedi colli pob awydd i wrthryfela, rhywun sy'n barod i** dderbyn unrhyw beth ond iddo beidio ag amharu ar ei fuddiannau ef ei hun, neu sefyll yn ei ffordd. A doedd arna' i ddim eisiau bod felly am bris yn y byd. Roedd fy narllen wedi magu parch ynof tuag at yr arwrol. Ac er imi geisio f'argyhoeddi fy hun bod yna fath o wroldeb hirhoedlog yn bodoli eisoes, rhywbeth mwy anodd i'w gyflawni nag arwriaeth, rhywbeth yn gofyn ar adeg arbennig i rywun wneud dewis pwysicach, eto i gyd roedd arna' i ofn mai'r gwroldeb bob-dydd hwn fyddai'r un y byddai bywyd yn debyg o'i gynnig i mi. Roedd arna' i ofn ymddangos yn wirion yng ngolwg Annes pe bawn yn dweud wrthi am y teimladau annelwig hyn, ond ni allwn lai na chyfeirio atyn nhw o bryd i'w gilydd a defnyddio'r hiraeth rhamantus oedd ynof fel sylfaen amlwg i rai o'm datgan-iadau. Âi hithau wedyn, yn anniffygiol, drwy rwydwaith fy rhes-ymu, a'm gorfodi i weld, â'i syniadau eironig ysgafn, fy mod mewn cariad â'r hyn a elwid yn yr ail ganrif ar bymtheg yn 'ma gloire'. Doeddwn i'n ddim mwy, ar y pryd beth bynnag, nag un o'r gynull-eidfa, a minnau'n meddwl drwy'r amser am gael chwarae'r brif ran.

'Gwas llwyfan wyt ti,' meddai Annes, 'yn tynnu stumia rhwng y llenni.'

'A beth wyt ti, 'ta?' gofynnais, 'y gynulleidfa?'

'Ie,' atebodd. 'Un o'r eithriadau, 'achos mae gen i docyn braint.

Diolch yn fawr iti.' Credais ei bod yn ceisio fy mrifo, a gofynnais iddi a oedd hi'n mwynhau'r perfformiad. 'Ffŵl!' meddai hi. 'Wyt ti'n meddwl mai'r dofwr-llewod yn unig y mae gwragedd yn ei edmygu mewn syrcas? Mae rhai ohonyn nhw'n gwirioni ar y clown efo'i drowsus llydan digri. Ac mae gan hyd yn oed y bechgyn 'na mewn lifrai sy'n sgubo tail y ceffylau gariadon sy'n clapio dwylo iddyn nhw.' Roedd hi'n anodd imi bob amser drafod pwrpas ac ystyr ddyfnach ein perthynas, ac felly roeddem ni'n tueddu i lochesu mewn dameg a delweddau.

Penderfynais roi'r gorau i drio disgleirio yng ngolwg Annes, naill ai drwy ddefnyddio sinigaeth ragrithiol neu mewn ffordd fwy didwyll. Pan oedd Tussort yn ceisio fy nenu i ymuno â'i loddesta a'i wibdeithiau i'r puteindai, gochel yr oeddwn i rhag rhywbeth nad oeddwn yn ei deimlo'n demtasiwn. Ufuddheais pan orch-mynnodd fi yn hwyr un noson i ddod â'i ohebiaeth iddo i'w har-wyddo mewn siambr breifat lle y cefais hyd iddo yng nghwmni dwy ferch mewn dillad tryloyw: ond ni dderbyniais ei wahoddiad i gadw cwmni iddo, a beiddiais ddweud wrtho na fyddwn i ddim yn dod eilwaith i'r fath le i'w wasanaethu. Pan gaeais y drws ar f'ôl fe'i clywais yn dweud wrth y ddwy butain: 'Je voudrais tant pervertir ce gamin', a hwythau'n sgrechian chwerthin. Dywedais y stori hon wrth Annes y penwythnos dilynol gan wneud fy ngorau i'w had-rodd yn y fath ffordd nes bod fy nianc i'r stryd allan o'r 'oord des verderfs', gan gydio yn fy nghês, a chan wisgo fy nillad blêr, yn ymddangos mwy fel drama ddoniol nag fel ymdrech arwrol. Yr unig ddicter a dreiddiodd drwy fy stori oedd y ffaith fod fy ngwasanaeth milwrol yn ymestyn hyd at fy ngorfodi i ymweld â llefydd o'r fath.

Gwrandawodd Annes yn ddistaw arnaf yn ôl ei harfer, ond pan dynnais y llen i lawr ar fy stori o'r diwedd, taflodd ei breichiau am fy ngwddw yno ar ganol y stryd a dweud: 'Mae d'arddull newydd di'n fy mhlesio i'n well o'r hanner na'r hen un. Rwyt ti'n dal i feddwl am d'urddas, ond rwyt ti'n medru cuddio hynny'n well. Rwyt ti'n dysgu. Mi wnei di ŵr da eto!'

'Ddylwn i fod wedi aros efo'r puteiniaid na, 'ta?' gofynnais yn ddig.

'Oedden nhw'n dlws?' gofynnodd Annes.

'Mae pob gwraig mewn coban dryloyw hyd at ei phenliniau yn dlws,' meddwn yn bryfoclyd.

'Coban wlân laes fydda i'n ei gwisgo,' meddai Annes. 'Os byddi di'n hogyn da mi gei di ei gweld hi ryw ddiwrnod!'

'Brethyn coch?' gofynnais.

'Gwyn, siŵr,' meddai Annes. 'Gwyn morwynol. Dwyt ti ddim yn haeddu cael ei gweld hi.'

Dyna'r tro cyntaf iddi siarad am rywbeth mor bersonol. Doeddwn i erioed wedi meddwl am ei dillad, nac am ei chorff chwaith. Doeddwn i erioed wedi dyheu'n nwydus amdani—heblaw mewn ffordd ddiniwed iawn. Gwylltiais yn sydyn—am fod y cyffwrdd cyntaf hwn â rhywbeth oedd yn perthyn i'w bywyd personol hi, ac felly allan o'm cyrraedd, wedi dod o ganlyniad i'r stori am yr hwrdy. 'Fedra' i byth fy nhorri fy hun yn rhydd oddi wrth y budreddi yma?' gofynnais imi fy hun. 'Ynteu a ydw i'n suddo'n is i lawr iddo?'

Roeddem ni wedi mynd am dro i'r wlad. Fel y digwyddai bob amser pan oedd rhywbeth yn fy mhoeni roeddwn i'n ceisio cael gwared ohono drwy ymarfer corff. Roedd Annes fel arfer yn barod i ymuno â mi. Ac er ei bod yn colli ei gwynt yn hawdd ac yn blino'n fuan ni fyddai byth yn gwrthod her, er mai colli oedd ei hanes bob amser. Ond y tro hwn gwrthododd yn bendant. Pwysais innau arni a gofyn iddi o'r diwedd beth oedd y rheswm. Edrychodd arnaf tan wenu a dweud bod y misglwyf arni. Ac yn y modd yna y cyfeiriodd Annes, mewn ffordd hollol naturiol ac urddasol, at rywbeth nad oeddwn cyn hynny ond wedi clywed fy nghyfeillion yn sôn amdano ond mewn termau aflan. Hyd yma cyfeillion plentynnaidd oeddem, ffrindiau bach yn mwynhau cwmni ein gilydd. Doedd y ffaith mai merch oedd Annes ddim yn bwysig. Dau berson oeddem, dau gymar. Roedd fel pe bai Annes rŵan wedi rhoi ei thynged fenywaidd yn fy nwylo, a minnau, braidd yn herfeiddiol, yn rhoi'r arwydd cyntaf iddi y gallai ymddiried ynof. Eisteddais i lawr wrth ei hymyl a rhoi fy mhen ar ei glin. 'Annes,' meddwn, yn gwbl ostyngedig, 'wnes i 'rioed dy garu di gymaint.'

XI

Gadewais y fyddin a doedd arna' i ddim eisiau mynd yn f'ôl at y *Banier.* Yn un peth roedd y papur wedi dirywio'n arw yn ystod f'absenoldeb. Rhoddwyd comisiwn imi gan un o bapurau newydd yr Iseldiroedd i roi sylwadaeth ar y Mabolgampau oedd i'w cynnal yn fy nhref enedigol. Heblaw am reidio beic, a nofio'n wael, roedd chwaraeon yn hollol ddieithr imi; ond pan glywais y termau clasurol 'decathlon' a 'pentathlon' tybiais fod yna rywbeth o werth yn llochesu yn rhywle yn y sioe hon, a edrychai ar yr olwg gyntaf yn hollol wallgof. Roeddwn i'n teimlo ei bod yn ddyletswydd arnaf i ddysgu'r termau priodol ymlaen llaw, a doedd y geiriau Saesneg a frithai bob brawddeg yn y cylchgronau proffesiynol yn golygu fawr ddim i mi. Pan ddarllenais yn y papur lleol un diwrnod fod ein 'brenin carped' lleol (ymgodymwr adnabyddus) yn siŵr o ennill ei ornest, oni bai fod ei wrthwynebydd yn profi ei fod yn gryfach na'r disgwyliad, neu pe bai i'r ornest derfynu heb i neb sgorio o gwbl, penderfynais yn ddigalon ddisgwyl i weld sut y byddai pethau'n mynd, a rhoi taw ar fy nghydwybod a'm poenai am fy niffyg gwybodaeth dechnegol. Wedi f'arfogi â ffydd anhygoel yr anwybodus euthum i ddechrau ar fy ngwaith newydd byrhoedlog. Roedd hi'n glawio, wrth gwrs, a'r stadiwm yn edrych ymhell o fod yn Roegaidd pan gyrhaeddais i ddechrau ar fy ngorchwyl. Roeddwn i'n disgwyl gweld gorymdaith o Adonisau a Dianau, a chael cawlach rhyfedd o bobl afrosgo yn gwisgo dillad gwirion ac, yn union fel plant Ysgol Sul, yn methu cydgamu'n drefnus. Euthum i eistedd ar fainc y Wasg a'm cael fy hun rhwng Siapanead mewn siwt ddu a het silc ar ei ben yn ysgrifennu'n brysur ac yn gwenu drwy'r amser, a Valkyrie o Ffiniades benfelen, a oedd yn ei dal ei hun fel caseg drom, yn teipio geiriau llawn deuseiniau dirifedi yn ddiflino ar ei theipiadur. Pan alwyd enw cystadleuydd o'i gwlad hi, neu pan gerddai un ohonyn nhw heibio inni, safai ar ei thraed ar unwaith a bloeddio rhyfelgri 'aai a aai a a la la' nes bod fy nghlustiau'n brifo. Er mawr ryddhad imi nid oedd yr Iseldirwyr, yn ôl pob golwg, yn disgleirio yn y cystadlaethau clasurol, fel nad oedd rhaid imi anfon marciau a recordiau yn f'adroddiad ond, yn hytrach, fy mwynhau fy hun yn cyfansoddi disgrifiadau lliwgar o'r awyrgylch a oedd ar adegau yn hynod o ddiddorol. Roedd yr athletwyr a ddaethai ynghyd o bedwar ban byd i gystadlu am fedal a choron lawryf yr un mor emosiynol yn eu buddugoliaeth ag yn eu methiant. Neidiai'r enillwyr yn syth i freichiau eu ffrindiau, tra cerddai'r rhai oedd wedi colli yn eu holau i'w hystafelloedd gan edrych fel pe bai'r byd ar ben, a'r bai i gyd arnyn nhw. Roedd y Lladinwyr yn arbennig felly: câi'r cystadleuwyr eu cusanu'n wyllt gan eu cydwladwyr, eu hyfforddwyr a'u *masseurs*. Doeddwn i ddim wedi arfer gweld pobl yn amlygu eu teimladau yn gyhoeddus, ac edrychwn ar hyn, fel y dysgodd Mam imi ei wneud, fel rhywbeth di-foes ac anweddus iawn. Pan ysgrifennais ddarn i'r papur am ymddygiad cynhyrfus y bobl o'r gwledydd Lladin cefais delegram yn syth yn dweud wrthyf am beidio byth â sôn eto am bwnc mor awgrymog.

Ar ôl i'r cystadlaethau clasurol ddod i ben treuliais bedair noson yn y neuadd lle y cynhelid y cystadlaethau paffio ac ymgodymu. Doedd gennyf fawr o ddiddordeb yn yr ymgodymu ond roedd y paffio yn ennyn fy mrwdfrydedd. Roeddwn i'n arbennig yn mwynhau gweld y paffwyr pwysau plu a bantam yn dawnsio o amgylch y llwyfan fel gweision-y-neidr. Ond yma hefyd roedd pethau rhyfedd yn fy nisgwyl. Un noson, pan oeddwn wedi mynd ag Annes efo mi,—er nad oedd ganddi fawr o ddiddordeb yn y paffio yr oeddwn wedi ei ddisgrifio iddi â chymaint o frwdfrydedd—roeddem ni'n eistedd yno yn edrych ar frwydr rhwng bachgen o Sais tal, anhygoel o denau, yn brwydro'n erbyn Isalmaenwr llawer cryfach yr olwg. Mewn eiliad roedd y Sais yn gorwedd ar ei hyd ar y llawr. Aeth y gynulleidfa'n wallgo, a phobl o bob cwr o'r neuadd yn gweiddi bod yr Isalmaenwr wedi taro'i wrthwynebydd yn rhy isel (clywn amryw'n gweiddi 'Isalmaenwr budr' yn eglur, allan o ragfarn genedlaethol mae'n debyg, ond hefyd, wrth gwrs, am nad oedd yr Isalmaenwyr yn fodlon trosglwyddo'r 'Wielingen' inni). Ceisiai rhai eneidiau amhleidiol ddangos eu gwybodaeth dechnegol drwy weiddi y dylai'r Sais fod

wedi gwisgo cragen dros ei organau rhywiol. Yn y cyfamser roedd
y bachgen truan yn rholio ar y llawr, yn amlwg mewn cryn dipyn o
boen. Neidiodd dau gynorthwywr i'r ring a'i lusgo i'r canol o dan y
lamp. Dringodd meddyg drwy'r rhaff a thynnu trowsus y bachgen
i lawr. Aeth yr ystafell yn ferw gwyllt. Gwelwn y byddwn yn
ysgrifennu erthygl arbennig o liwgar unwaith eto. Pan drois i
ddweud rhywbeth wrth Annes fe'i gwelais yn diflannu allan o'r
neuadd. Brysiais ar ei hôl. Yn y cyfamser roedd y meddyg wedi dat-
gan bod y Sais yn holliach. Gwthiai Annes ei ffordd, a minnau'n ei
dilyn, yn herfeiddiol drwy'r dorf o baffio-garwyr cynhyrfus. Ni
chlywais i erioed yn ystod fy ngwasanaeth milwrol y fath weiddi
ffiaidd. Roedd rhai yn gweiddi geiriau cellweirus ar ôl Annes fel yr
oedd hi yn welw ei gwedd, a minnau'n ceisio ei dal wrth wthio'n
ffordd drwy'r dorf a oedd rŵan i gyd yn sefyll ar ei thraed. Dydw i
ddim yn credu imi erioed gasáu pobl gymaint.

Cerddasom drwy'r dref dywyll heb ddweud gair. O'r diwedd
Annes oedd yr un a dorrodd ar y distawrwydd: 'Ac mi rwyt ti'n
mwynhau peth fel yna . . .' Mi ddysgais, wedi hynny, fod merch yn
rhoi'r bai yn ddigymell am bopeth cas neu annymunol sy'n dig-
wydd yng nghwmni ei chariad ar yr un y mae'n ei garu. Ond
doeddwn i ddim wedi deall y wireb hon eto. Buom yn crwydro'r
dref am oriau, a deuthum yn llawer nes at Annes. Collodd ei
chywair eironig ysgafn yn gyfan gwbl; dechreuodd siarad o waelod
ei chalon yn eglur, heb ddefnyddio damhegion. Pan ddywedais
wrthi, gan obeithio'i thawelu a pheri iddi weld pethau mewn
ffordd fwy cytbwys, nad oedd na'r paffiwr o Sais tenau na'r Isal-
maenwr trymach o unrhyw bwys i ni mewn gwirionedd, ac y
byddem wedi anghofio popeth am y gynulleidfa aflednais, orff-
wyll, cyn pen dim o amser, stopiodd fi'n sydyn a dweud yn dawel:
'Pan oedd yr hogyn na'n gwingo ar y llawr mewn poen mi sefaist ti
i fyny fel pawb arall a sbïo. Yn ôl pob golwg doedd dim ots gen ti ei
weld o'n gorwedd yna yn noethlymun o dan y lamp fawr o flaen y
miloedd ffyliaid 'na. Doedd gan neb yn y neuadd, a thithau'n eu
plith nhw, ddim gair o gydymdeimlad iddo na phryder amdano fo.
Yr hyn yr oedd arnat ti ei eisiau oedd gweld y cwffio anwar 'na'n
mynd yn ei flaen. Doedd y ffaith y gallai'r hogyn 'na fod wedi ei
niweidio am byth yn bwysig o gwbl i ti. Does arna i eisiau dim i'w
wneud â'r fath beth.' Ceisiais f'amddiffyn fy hun drwy ddweud mai

80

drama sefyllfa lle'r oedd rhywun wedi ei glwyfo, a'i fywyd mewn perygl, efallai, oedd wedi fy nghodi o'm sêt, ac nad oeddwn i yn rhywun oedd wedi gwirioni ar chwaraeon fel yr oedd hi yn ei haeru.

Atebodd fi'n wawdlyd: 'Gresyn na chefaist ti weld y ddrama yn ein tŷ ni pan oedd y teulu i gyd yn gorfod byw ar ddim ond tatw a phenwaig am fisoedd am nad oedd 'nhad yn ennill digon i fwydo'i deulu dedwydd.'

Hyd at y funud honno doeddwn i erioed wedi canfod chwerwder yn Annes. Edrychais arni'n awr drwy lygaid newydd. Roeddem ni'n sefyll o flaen drws ei chartref erbyn hyn, a chydag anwybodaeth ffôl y gwryw credais y byddai popeth yn iawn ond imi ei chymryd yn fy mreichiau. 'Paid â 'nghusanu i,' meddai Annes. 'Pam?' gofynnais, wedi 'mrifo. Wrth iddi gau'r drws edrychodd arnaf, a chariad yn ei llygaid, a dweud yn ddistaw: 'Gwell peidio.'

Rai dyddiau wedi hynny ysgrifennodd nodyn ataf yn dweud ei bod wedi gorfod mynd i Doorwaarden oherwydd ei hiechyd. Doedd hi ddim yn ddifrifol o wael, meddai, a gallwn alw i'w gweld y Sul wedyn.

Roedd Doorwaarden yn sefyll ar dro yn yr afon lle'r oedd hi'n troelli'n sisialog drwy'r tir isel. Roeddwn i wedi edrych ar y lle droeon o'r llong-bleser a âi â ni yno ar ddydd o haf. Ni allwn yn fy myw ddeall yr emosiwn a ddeffroid ynof bob amser wrth edrych ar yr olygfa hon. Er nad oedd gor-ddweud y beirdd hynny sy'n disgrifio corff yr anwylyd mewn termau daearyddol yn apelio ataf o gwbl, eto i gyd pan hwyliai'r llong rownd y tro olaf yn yr afon a minnau'n gweld lonydd culion Doorwaarden o'm blaen, fe'm meddiennid bob tro gan deimlad synhwyrus, cynnes. Roedd fel petawn yn cyffwrdd â bronnau crynion, cynnes merch am y tro cyntaf.

Deuthum o hyd i Annes yn y pentref yng nghwmni ei theulu. Aethom i eistedd ar y morglawdd i edrych ar y llongau bach yn hwylio heibio. Roedd hi'n welw iawn, a'i llais yn gryg a phŵl. Roedd y meddyg wedi dweud wrthi, meddai, fod dechrau'r darfodedigaeth arni. Dywedodd hyn wrthyf mewn llais tawel, digyffro. Roedd un hanner i'w hysgyfaint wedi ei niweidio. Rhoddais fy mhen ar ei glin a dechrau wylo. Anwesodd Annes fy ngwallt â dwylo nerfus. Roedd y wlad yn dawel iawn, a'r byd o'n hamgylch yn dyst i'm trallod: trallod y miliynau bacteria oedd yn cnoi ysgyfaint Annes, a bywydau'r ddau ohonom yr un pryd. Hi oedd yr un oedd yn cysuro. Hi oedd yr un oedd yn ymddiheuro—am achosi poen imi. Edrychais i fyny drwy fy nagrau ar yr awyr las, a cheisio meistroli fy nheimladau. Sylweddolais, gan arswydo, fy mod yn tosturio wrthyf fy hun, a bod y teimlad hunanol hwn yn treiddio trwy fy mhryder am Annes a'm cariad tuag ati. Roeddwn i'n fy nghasáu fy hun. 'Fedrwn i ddim penderfynu bellach p'un oedd yn fy mhoeni fwyaf: tynged anffodus Annes, fy ngofid amdani, fy nhristwch am fod profiad Annes yn cyffwrdd â mi, ynteu fy nicter diobaith am fy mod yn beiddio meddwl amdanaf i fy hun ar adeg fel hyn, dicter a'm rhwystrai rhag medru ei chysuro a'i helpu i wynebu'r dyfodol yn ddewr. Roedd fel pe bai hi wedi adeiladu mur rhyngom â'i hychydig eiriau: mur oedd yn ysgaru'r iach rhag y claf, y rhai oedd yn mynd rhagddynt at fywyd a'r rhai oedd yn cael eu tynnu'n ôl i'r tywyllwch. Roedd Annes wedi cael clywed griddfan y gwahangleifion, a minnau, yn eistedd yno wrth ei hymyl ar ochr y ffordd, fy nghoesau i fyny a'm pen ar fy mhen-glin, yn teimlo mor gywilyddus o'm hiechyd a'm gwaed coch a'm corff cryf. Roedd afiechyd ac angau yn bethau na allwn eu cysylltu, er gwaethaf fy mhrofiad yn yr ysbyty milwrol, ond â henaint a bywyd byrbwyll, neu â'r ddamwain erchyll sy'n digwydd i'r naill ac yn osgoi'r llall. Clywais Annes yn pesychu wrth f'ymyl, ac yn ceisio rheoli ei pheswch yn boenus.

Y diwrnod hwnnw byddwn wedi bod yn falch o gael marw, ac wedi i Annes fy hebrwng yn ddistaw at y llong, a minnau'n methu gweld ei hwyneb bach gwyn o'r fan lle safai lôn gul y cei mwyach, dechreuais deimlo'n wrthryfelgar, am nad yw angau'n dod i'n cyrchu pan fyddwn yn dyheu yn dawel amdano, a phan fyddwn yn barod i'w dderbyn fel gwobr a rhyddhad, ond yn hytrach yn cerdded heibio inni yn wawdlyd yn ein hangen eithaf ac yna yn syrthio arnom yn arswydus o greulon pan fyddwn yn sefyll hanner y ffordd rhwng gwynfyd a chyfyngder, yn ddiamddiffyn, yn llwfr, ac yn llawn protest druenus. Y dydd Llun wedyn euthum i weld meddyg Annes a gofyn iddo ddweud y gwir wrthyf am ei chyflwr. I ddechrau gwrthododd ddweud dim, gan guddio y tu ôl i len ei alwedigaeth. Ond wedi imi egluro wrtho, gan siarad yn uchel â mi fy hun, gymaint yr oedd hi'n ei olygu imi, cefais fwy o gyd-ymdeimlad ganddo. Hen ŵr oedd o, hen ŵr wedi blino, sinig sych, meddwn wrthyf fy hun, yn gwylio drama ein hieuenctid yn ddiamynedd. Gwrandawodd yn ddistaw ar fy ffrwd o eiriau emosi-ynol heb dorri ar fy nhraws un waith. Yna, safodd i fyny i ddangos bod y drafodaeth ar ben. Rhoddodd ei law ar f'ysgwydd a siarad yn esmwyth. Gallai pethau newid, wrth gwrs, roedd hynny'n bosibl ac ati, ac ati . . .

Sefais yno yn edrych i lawr ar f'esgidiau budron ac ar y smotyn ar y carped oedd wedi ei wisgo'n foel gan draed cleifion. Roedd fy ngofid, fe ymddangosai ar y pryd, wedi treiddio trwy ei brofiad a'i sgeptigaeth, a phan agorodd y drws imi ni allai ei atal ei hun rhag dweud, o genfigen at f'ieuenctid i ac Annes: 'Paid â'i gymryd mor ddrwg, fachgen. Mae'r byd yn llawn o ferched.' Trois innau, a rhoi fy nhroed rhwng y drws a'r wal: 'Mae'r byd yn wag!' gwaeddais wedi colli fy nhymer efo'r dyn. Ond roeddwn i eisoes yn sefyll allan ar y stryd. Yn anfodlon euthum i dŷ Annes. Roedd ei Mam yn eistedd yno'n llefain yn ddistaw, heb wybod beth i'w wneud na'i ddweud yn wyneb y cystudd newydd hwn oedd wedi dod i'w rhan. Roedd Carla, ar y llaw arall, yn hollol wahanol. Tynnodd fi i mewn i'r parlwr bach a chau'r drws ar ein holau. Safodd wrth f'ymyl, yn gryf a charedig, yn danbaid ei nerth a'i hiechyd. Meddyliais innau am Annes welw, dyner, yr oeddwn wedi ei gadael ar ôl yn y pen-tref ger yr afon. Ni allwn wrthsefyll golwg famaidd Carla, ei diog-elwch a'i daioni. Fe'm teimlais fy hunan yn mynd yn wan, ac fe'm teflais fy hunan i'w breichiau. Tawelodd fi, a dweud wrthyf fod Annes wedi bod yn dioddef ers tipyn ond nad oedd arni eisiau fy mhoeni. Ac yna, heb unrhyw chwerwder, dywedodd hanes y blynyddoedd o adfyd yn y cartref, a bywyd caled ei rhieni. Mae athro'n gorfod bod yn ŵr bonheddig bob amser, a phawb yn disgwyl i'w blant fod yn ddestlus a pheidio â mynd allan i ennill eu tamaid fel gweithwyr cyffredin. Fe fyddai hynny'n diraddio'r teulu a phennaeth y cartref. Roedd Carla wedi dod i fyw i'r dref pan oedd hi eisoes yn berchen cronfa ddigonol o nerth i wrthsefyll y drefn newynus. Ond roedd Annes wedi dod yno ym mlynyddoedd argyfyngus ei thyfiant. Gwrandewais ar Carla'n dadlau'n rhes-ymegol, a meddwl: 'et voila pourqoi votre fille est malade, voila pourquoi . . .' roedd Annes yn mynd i farw. Am fod pobl wedi taflu

cyflog newyn i'w thad a'i rwystro'n foesol rhag crafu ychydig o
arian ychwanegol at ei gilydd i'w alluogi i fwydo a lletya ei deulu'n
foddhaol. Mae deon y plwyf, meddyliais, yn llusgo'i gorff tew
drwy'r stryd, tra bo'r cardinal yn dangos, trwy ei olwg asgetig, sy
wedi ysbrydoli cynifer o arlunwyr a cherflunwyr, nad yw dyn yn
byw ar fara'n unig. Mae un dyn yn dewis ymprydio fel aberth
ysbrydol a'r llall yn gorfod trethu ei deulu nes bod un neu fwy o'i
blant yn glanio mewn sanatoriwm neu, fendigedig dynged, yn
mynd yn 'angylion bach wrth droed gorsedd Duw'. Ni wrandew-
ais ddim mwy ar Carla, a ddaliai i siarad yn lliniarus, gan fy ngher-
yddu am fod mor ddigalon a phesimistaidd, ac yn arbennig am fod
mor ddiobaith cyn bod eisiau. Pan ddywedodd y gair 'niwmoth-
oracs' yn betrusgar edrychais i fyny a gofyn iddi egluro. Ni allai
wneud hynny, dim ond mewn ffordd niwlog iawn. Ond deëllais
gymaint â hyn, fodd bynnag, y gallai'r operasiwn hon achub
Annes. Roedd miloedd o bobl yn cerdded o gwmpas efo dim ond
hanner eu hysgyfaint, meddai. 'Oes,' meddwn innau'n chwerw, 'a
degau o filoedd efo dim ond un goes.'

Collodd Carla ei hamynedd. Ond roedd fy mhryder yn amlwg
mor fawr fel y dechreuodd deimlo drosof, ac yn ei charedigrwydd
enfawr awgrymodd ffordd allan imi. Gwyddai, wrth reddf, os nad
oeddwn wedi fy ngherfio allan o'r darn pren hwnnw sy'n gwneud
dyn o greadur, y byddwn yn barod i gydio yn y nofdorch yr oedd yn
ei ddal allan yn ddiddirmyg imi.

Gwthiodd fi i ffwrdd oddi wrthi yn dyner a dweud: 'Dwyt ti
ddim wedi dy glymu wrth Annes. Mi fedri di ei gadael hi os oes
arnat ti eisiau. Pam mae'n rhaid iti lynu am weddill dy oes wrth
ferch glaf, neu un sy'n marw?'

Carla, Carla dda. Roedd hi'n barod i dderbyn yr ergyd a gwrando
ar fy nghymeradwyaeth floesg: ond, yn fwy na thebyg, roedd hi'n
gwybod na fyddwn i byth yn gwneud hynny, a'r hyn oedd arni hi ei
eisiau oedd fy nghlywed yn datgan hynny'n eglur. Dechreuais
chwerthin yn nerfus trwy fy nagrau: 'Ffordd dda fyddai hynny o
ddechrau byw,' meddwn. 'Mae o wedi digwydd droeon,' meddai
Carla, a disgwyl. Sefais i fyny ac edrych i fyw ei llygaid hi. Cafodd ei
bodloni, a thaflodd ei breichiau cryfion, cadarn, amdanaf. Beth
bynnag oedd o'm blaen, am y funud fer honno, roeddwn i wedi fy
llenwi â hapusrwydd cynnes.

XII

Ar ôl i'r Mabolgampau orffen roedd gennyf, ar fy nghyfer i, swm o arian go sylweddol. Fodd bynnag, roedd y papur wedi sylwi nad oeddwn wedi mynychu'r unig gystadleuaeth yr oedd yr Isalmaenwyr ag unrhyw siawns o'i hennill—pêl-droed—ond wedi ysgrifennu disgrifiad telynegol wedi ei godi'n haerllug allan o gwpwl o bapurau pnawn. Roeddwn i wedi teithio i'r brifddinas ar draul y papur ac wedi cyrraedd yno wedi darganfod bod 'Oen Duw' Van Eyck yn cael ei arddangos yn ei gyfanrwydd am y tro cyntaf ers canrif yr un pryd yn union â'r gystadleuaeth hon. Dewisais 'Oen Duw'. Trodd pethau allan yn ddrwg imi, o achos doeddwn i ddim wedi cyffelybu cwymp y garfan Isalmaenaidd i amddiffyniad grŵp o lewod yn brwydro'n erbyn nerth gormesol helwyr brwnt, a'r rheini wedi eu harfogi i'r eithaf. Roedd fy sylwadaeth i, ar sail cip frysiog ar ddau o bapurau chwaraeon rhagfarnllyd, wedi gwneud i'r peldroedwyr o'r gogledd edrych yn fwy tebyg i'r Cristnogion cynnar yn y Colosëwm nag i arwyr dewr. Syrthiodd fy ngobaith am swydd sefydlog ar y papur newydd yn aberth i 'Oen Duw'.

Ar hap fe gyfarfûm ag aelod seneddol a oedd yn digwydd chwilio am ysgrifennydd. Cynigiodd y swydd imi am gyflog da. Dyn onest iawn, ond byrbwyll, oedd hwn, gŵr yn casáu disgyblaeth plaid. Ni allai neb byth ei berswadio i gadw'n ddistaw er lles ei wlad neu'i blaid pan oedd ei gydwybod yn dweud wrtho am achwyn yn gyhoeddus ynglŷn â rhyw anghyfiawnder neu enllib. Yn fyr, dyn ydoedd heb fod yn gweddu'n dda i wleidyddiaeth. Helpwn ef drwy ddarparu ei waith iddo, edrych ar ôl ei ohebiaeth, a chadw ymwelwyr annymunol di rifedi i ffwrdd. Er mawr syndod imi sylwais fod llawer o'r bobl oedd yn dod i ofyn am help ganddo, ac yn gwybod am ei onestrwydd, yn disgwyl iddo roi heibio budd y mwyafrif er mwyn gwneud cymwynas fach â nhw, neu sicrhau rhyw fantais iddynt. Cyn hynny doeddwn i ddim wedi gweithio efo neb

ond pobl hanner gwallgo a meddwon. Ond rŵan deuthum i
adnabod masnachwyr cyffredin, a hyd yn oed rai o'r dynion busnes
pwysicaf yn ein cymdeithas. Gweithiwn fel caethwas, ond â
phleser, am fy mod yn credu yn fy nghyflogydd, ac yn enwedig am
fy mod yn gweld sut yr oedd y gwaith yn effeithio arno'n gorff-
orol, a'i iechyd gwantan yn gwaethygu o ddydd i ddydd. Teimlwn
yn aml ei fod yn trafferthu ynghylch pethau heb fod o'r pwys
mwyaf, yn unig am ei fod yn ofni marw'n gynamserol a'i fod yn
adnabod y bobl yn bersonol. Yn sicr doedd o ddim yn wleidydd
mawr, ac ni ellid ei alw hyd yn oed yn wleidydd da am nad oedd
ganddo ddim dealltwriaeth o roi a derbyn, nac o gelfyddyd y posibl
chwaith. Ond roedd o'n ŵr didwyll a deallus, yn annibynnol ei
ysbryd ac yn fyrbwyll hefyd weithiau. Pan syrthiodd Annes yn
wael roeddwn i'n falch iawn o wybod 'mod i o'r diwedd wedi dod o
hyd i swydd onest ac ysbrydoledig, a 'mod i'n byw yng nghysgod
cyflogydd, y cyntaf erioed yn fy hanes, yr oeddwn yn ei hoffi a'i
barchu. Roedd fy mherthynas ag ef yn un hollol ffurfiol, ond
mae'n rhaid ei fod wedi sylwi, oddi wrth fy ffordd o siarad ac o
ymddwyn fy mod yn ei edmygu ac yn edrych arno yn fwy fel athro
mawr na chyflogydd cyffredin.

Rai dyddiau ar ôl imi weld Carla meddyliais mor dda yr oedd
popeth yn ein bywydau'n cael ei reoli. Y munud y deuthum i
gysylltiad â thrallod personol fe'm cefais fy hun mewn sefyllfa yr
oedd holl elfennau'r bwrlésg wedi eu tynnu allan ohoni. Diolchais
i ragluniaeth am hyn. A dyna pryd y dechreuais hefyd feddwl un-
waith eto am ganeuon Orffews. Wrth gerdded adre o'm gwaith
drwy barc rhamantus y dref lle'r oedd nifer o erddi cerrig yn
f'atgoffa am yr opera fe'm clywais fy hun yn canu galargan
Orffews. 'Ach,' meddwn wrthyf fy hunan, 'rwyt ti'n profi'r hyn y
mae'r beirdd yn ei alw'n 'dristwch glân',' ac roedd y ddau air hyn, a
oedd gyda'i gilydd yn cyplysu tristwch dyngarol wrth esthetiaeth,
yn poeni mwy arnaf na hyd yn oed fy mhryder am Annes. Droeon,
wrth f'ystyried fy hun o ddifrif, arswydwn wrth feddwl fy mod yn
medru darganfod pleser mewn poen. Deuthum i weld na fedrwn i
ddim galaru yn syml, fel gwraig o'r werin yn gofidio fod ei gŵr
wedi syrthio oddi ar y sgaffaldiau, neu fam yn llefain am fod ei
phlentyn yn gorwedd yn farw yn ei grud. 'Mae Annes yn marw,'
meddwn wrthyf fy hun. 'A beth yr wyt ti'n ei wneud? Rwyt ti'n

fyw. Rwyt ti'n iach, 'Fedri di ddim peidio ag ymhyfrydu yn y parc sy'n dechrau blaguro a glasu'n braf. Rwyt ti'n mwynhau gweld y plant yn chwarae yn y parc, a'r cŵn duon hardd 'na yn neidio i fyny'n uchel ar y lawnt eang. Rwyt ti hyd yn oed yn mwynhau'r boen sy wedi dod i'th ran. Fedri di feddwl am Annes heb feddwl amdanat dy hun?' A chyda'r hunan-gerydd olaf yna sefais yn f'unfan a phwyso ar falwstrâd y bont uchel uwchben y llyn. 'Na fedri,' fe'm hatebais fy hun. Cerddodd plismon afrosgo heibio imi dros y bompren gan beri iddi ysgwyd o dan fy nhraed. Pe na bai ef wedi ymddangos byddwn wedi fy nhaflu fy hun i lawr i'r dŵr allan o wendid, er mwyn fy rhyddhau fy hun o'm hunan-boenydio di-baid. Cerddais yn fy mlaen ac wedi cyrraedd y lan yr ochr arall i'r bont, meddwn, fel petawn yn chwilio am y peth casaf y gwyddwn amdano i'w ddweud wrth fy ngelyn mwyaf: 'Dyna esgus da, y plismon 'na. Mi fasat ti wedi medru aros am funud neu ddau.'

Roedd salwch Annes felly yn ferthyrdod dwbl imi. Roeddwn i'n dioddef drosti hi a'r ffordd ddewr yr oedd hi'n dwyn baich ei haf-iechyd, ac roeddwn i hefyd yn dioddef ynof fy hun am fy mod yn ymosod ar y gwahanfur rhwng yr iach a'r afiach yn y bywyd hwn; yn dioddef am fy mod yn gweld bai arnaf fy hun bob eiliad o'r dydd am fwynhau, yn erbyn f'ewyllys megis, yr haul, y bobl, darlun hardd neu gerdd wefreiddiol . . .

Trosglwyddwyd Annes i ysbyty yn y dref, a chefais brofi un-waith eto'n feunyddiol arogleuon annymunol ysbyty, prysurdeb y nyrsys a thawelwch diflas y meddygon. Roedd Annes yn gorwedd mewn ystafell fawr efo tuag ugain o wragedd eraill. Teimlwn eu golygon yn fy nilyn yn flin wrth imi gerdded yn ofalus ar hyd y llawr llithrig at wely Annes, yn y gornel. Gwelwn lygaid dwfn a phlethi brith blêr uwchben pob gwely, a chlywed aroglau nychlyd cyrff yn dechrau pydru. Siaradai rhai o'r gwragedd yn ddi-baid â nhw eu hunain, a neb ond y chwiorydd yn torri ar eu traws weithiau i grefu arnynt i dewi. Syllai eraill drwy'r dydd yn ddi-fywyd ar y nenfwd. Yn gorwedd yn y gwely agosaf at Annes roedd hen wreigan, a'r unig ffordd y gellid ei chadw'n dawel oedd trwy roi llyfryn rheilffordd iddi. Roedd yn amlwg nad oedd ond un daith fer a therfynol o'i blaen hi. Ond eto ddydd ar ôl dydd byddai'n sillafu ar lafar enwau pentrefi a dinasoedd ein gwlad y gellid eu cyrraedd ar y trên. Dim ond wrth ynganu enwau'r gorsafoedd hynny y byddai'r 'Orient Express' yn stopio ynddynt y clywid rhywfaint o dân yn ei llais. Nid wyf erioed wedi clywed ynganu enw Belgrâd neu Gaergystennin yn fwy urddasol. Ond doedd Annes ddim fel petai'n sylwi ar ddim o hyn. Siaradai'n ysgafngalon â mi, yn llawn hyder yn awr fod y driniaeth lawfeddygol niwmothoracs drosodd, yn fy sicrhau y byddai popeth yn iawn yn y dyfodol.

Pan adawodd yr ysbyty llwyddais i berswadio'i mam i fynd i aros efo hi mewn pentref tawel yn y Kempen. Byddai'r awyr iach yno, meddwn, yn gofalu am weddill y gwellhad. Arhosodd y ddwy yno am fisoedd, a'r meddyg yn mynd i ymweld ag Annes o bryd i'w gilydd. Roeddwn i yno bob tro y deuai, ac awn i'w hebrwng at y drws. Erfyniais arno ugeiniau o weithiau i ddweud y gwir wrthyf. Ugeiniau o weithiau dywedodd yntau gelwydd wrthyf. Dychwelwn at Annes, a oedd yn disgwyl i glywed beth yr oedd wedi ei ddweud, yn llawn amheuaeth bob tro. Ond doedd Annes ddim yn amau am eiliad na fyddai'n gwella'n llwyr: roedd hi'n credu mewn bywyd. Edrychai arnaf weithiau yn dreiddiol, fel pe bai'n ceisio mesur fy ffydd, a'm serch. 'Rwyt ti'n gwybod, on'd dwyt ti,' meddai, 'bod damwain wedi digwydd yn ystod y driniaeth yn yr ysbyty? Fe gollson nhw ryw stwff sy'n llosgi ar fy nghefn i, ac wedyn ar fy mol i hefyd.' 'Annes,' meddwn innau, 'wyt ti'n llai o Annes o achos hynny?'

Ychydig wedi hyn cafodd bothell ddrwg ar un o'i dannedd. Agorodd y meddyg hwn o'r tu allan a gadael craith ddofn, hyll ar ei boch dyner. Pan welais i hi ar ôl hyn roedd hi am y tro cyntaf yn ddigalon. 'Dydyn nhw ddim yn fy lladd i,' meddai, 'o nac ydyn, ond maen nhw'n fy nhynnu i lawr fel hen adfail.' Llwyddais i gymryd gafael arnaf fy hun a'm rhwystro rhag dweud 'Ydyn.'

Ond pan ofynnais i'r meddyg, ychydig ddyddiau'n ddiweddarach, pam yr oedd wedi trin Annes yn y fath fodd, ni allai wneud dim amgenach na dweud 'Mon pauvre ami', ac yna fe ddeëllais mai dedfryd o farwolaeth oedd y fformiwla Ffrangeg lednais hon, ac nad oedd ef yn malio dim sut olwg fyddai ar Annes yn mynd i gwrdd ag angau. Pwysodd arnaf, fel petawn yn gyd-gynllwynwr, i ddeall hyn. Mae'r dicáu yn salwch anwar, creulon. Mae'n llosgi defnydd y corff ac yn edwino'r gwaed, ond ar yr un pryd yn creu yn y claf awydd i ddal i fyw sy'n llawer cryfach nag mewn dyn holliach. Mae'n peri i dân bywyd losgi'n fflam eirias am ychydig o ddyddiau ac yna yn ei lethu ac o'r diwedd ei ddiffodd bron yn gyfan gwbl. Un diwrnod, felly, dywedodd y meddyg y gallai Annes anghofio'i ffordd ofalus o fyw am un dydd. Roedd fy nghyflogydd, er prysured ydoedd, yn ffeindio amser i gymryd diddordeb yn f'amgylchiadau personol ac yn gwybod felly am Annes. Roedd ganddo ail-gartref yn y pentre lle'r oedd Annes wedi bod yn byw am fisoedd. Un diwrnod rhoddodd wahoddiad imi i fynd â hi yno am ginio. Doedd gennyf ddim rheswm dros wrthod a gobeithiwn y byddai'n rhyngu bodd i Annes. Gyrrodd fy nghyflogydd ei gar i'n hôl. Safodd ffermwyr yr ardal yno yn edrych ar y car fel petai'n un o wyrthiau'r ddaear. 'Fyddai gyrrwr car byth yn mentro ar hyd y lôn dywod dwyllodrus, feddal. Ar gyfer y gwahoddiad hwn yr oedd Annes, a fyddai o hyd wedi'i gwisgo'n syml, wedi gwisgo ffrog yr oedd hi ei hun wedi'i gwau yn ystod ei salwch hir. Yn ôl ffasiwn y dydd ffrog efo sgert laes, gul oedd hi, wedi ei gwau mewn sgwariau amryliw, a heb lewys. Roedd hi'n falch iawn o'r dilledyn hwn, dilledyn del iawn, a chymerodd arni wylltio wrthyf pan ddywedais yn gellweirus ei fod yn edrych fel lliain bwrdd. Pan oedd Annes yn barod gwelais mor dlws oedd o: roedd yn edrych fel rhywbeth allan o stori werin, ac yn gweddu i'r dim i'w chorff main hi. O'i gyferbynnu â'r ffrog liwgar hon, fodd bynnag, roedd ei hwyneb bach gwelw yn edrych yn druenus ddychrynllyd. Roeddem ni wrth ein bodd yn y car mawr na chymerodd fwy na rhyw funud neu ddau i fynd â ni at ystad fy nghyflogydd. Roedd yn amlwg fod y gyrrwr, gŵr mewn cryn dipyn o oedran, wedi ei gynhyrfu'n llwyr am ei fod yn gorfod gyrru ei limwsîn ar hyd lôn dywod i fynd i nôl cwpwl o bobl ifanc. Yn ddiogel y tu ôl i'r gwydr a'm gwahanai rhagddo rhoesom gyfarwyddiadau dychmygol iddo: James, dos â ni i'r Riviera; James, fe fyddai'n well gennym ni fynd i Avignon neu i Lugano. Nid i'r gogledd oer, yn siŵr i chi, James; James, rydan ni wedi blino ar Baris, ewch â ni i Dijon! Doeddwn i ddim wedi anghofio'r 'mon pauvre ami', ond rŵan, a minnau'n gweld Annes yn cael dod allan eto am y tro cyntaf ers misoedd, a'i theimlo'n edrych ymlaen yn eiddgar at y wledd mewn math o dŷ nad oedd hi erioed wedi bod ynddo o'r blaen, dechreuais ddyfalu beth tybed mewn difrif oedd o'n blaenau.

Pobl ddiffwdan, garedig oedd fy nghyflogydd a'i wraig. Roedd pensaer lleol o'r ardal gyda gwybodaeth am eu ffortiwn, wedi diwygio'r lle mewn ffordd ryfeddol iawn. Am y tro cyntaf erioed gwelais o flaen fy llygaid hwyliau melin yn troi, ffrwyth anhygoel ymgyrch gwallgo i ail-greu'r ail ganrif ar bymtheg. Cerddodd Annes a minnau, fel dau blentyn ar fwswgl mewn coedwig, dros y carped Persaidd, yn edrych ar y bwrdd a'i lieiniau, a'i *runner* o lês coeth. Roedd samofar yn y canol, a hwnnw'n ddigon o ryfeddod i ni. Roedd y crandrwydd a'n hamgylchynai yn cael effaith drom arnaf i, ond roedd Annes, yn ôl pob golwg, yn medru derbyn hyn i gyd yn rhwydd. Doedd dim yn awgrymu ei bod hi gartre wedi arfer llowcio'i choffi i lawr, a gwthio'i phlât i ffwrdd y munud yr oedd wedi gorffen bwyta. Yna, a'r pryd drosodd, aethom gyda thei-mladau braidd yn anghysurus i'r salon foethus i eistedd, ac i edrych ar y golygfeydd o'r Kempen oedd yn addurno'r muriau.

Cyn pen dipyn sibrydodd Annes rywbeth yn ddistaw wrth wraig y tŷ, a diflannodd y ddwy allan o'r ystafell. Daeth gwraig fy nghyflogydd yn ei hôl ymhen ychydig funudau ar ei phen ei hun, ac fe aeth cryn dipyn o amser heibio cyn i Annes ailymddangos. O'r diwedd, fodd bynnag, agorodd hi'r drws mawr trwm a mynd i eistedd yn un o'r cadeiriau esmwyth enfawr. Dechreuodd nosi. Gwelsom baun yn agor ei wyntyll o gynffon wrth ymyl y llyn cogio efo'i greigiau gosod. Roedd hen arddwr wrthi'n sgubo'r dail crin ar y lawnt las. Tywalltodd y wraig goffi i mewn i gwpanau bychain inni. Roedd yn union fel pe bai bywyd yn mynd i bara am ganrif-oedd—mor ddigyffro, mor ddiogel, mor ddiflas o gysurus; o achos doedd gan y pedwar ohonom fawr i'w ddweud wrth ein gilydd, a chan nad oedd fy nghyflogydd yn gwybod beth arall i'w wneud dechreuodd siarad am y gwaith, pwnc oedd yn hollol ddieithr i Annes a'i wraig. Yn ddisyfyd cododd Annes i fyny o'i chadair ddofn. Roedd hi, ar amrantiad, yn edrych yn wahanol, wedi blino'n lân. Sylwais ar aroglau treiddiol yn y salon foethus, a synnu braidd, a brawychu. Aeth y gŵr i sefyll wrth y ffenestr agored. Ac yna, deëllais y rheswm, hyd yn oed cyn i Annes roi ei llaw ar fy mraich a dweud ei bod yn amser inni fynd. Roedd Annes yn sefyll yno rhwng tri o bobl holliach. Oddi wrthi hi yn unig y deuai aroglau cymysg o bydredd ac o addewid gyda'i gilydd, cwmwl o niwl lle'r oedd ffrwythlondeb a chennad amlwg angau yn cyfuno mewn cofleidiad ofnadwy. Annes, Annes, meddwn wrthyf fy hun, gad inni fynd i ffwrdd odd'ma. Gadewch i hwyliau o'r felin 'na syrthio i lawr ar ben tŷ y rhai iach, ar y bobl hyn sy'n mynd i ddal i fyw. Gadewch i'r paun agor ei gynffon. Ond gad i ni fynd odd'ma gyda'n gilydd i ben ein taith—at angau a diddymiad.

Aethom i ffwrdd, gan wrthod gwasanaeth y *chauffeur*, a ddaliai i edrych fel pe bai wedi ei sarhau. Cerddasom yn araf ar draws y caeau tua thre. Fi yn fy siwt ddu barchus; Annes yn lletchwith yn ei ffrog gul a'i sodlau uchel. Wedi cyrraedd y lôn dywod oedd yn arwain at y tŷ o'r diwedd—roedd hi eisoes wedi tywyllu, a'r cŵn yn cyfarth yn y ffermydd o'n cwmpas—syrthiodd Annes ar fy ngwddw yno ar ganol y lôn, a dweud: 'Fy machgen druan i,' yn yr union fan lle'r oedd y meddyg wedi dweud 'mon pauvre ami' wrthyf.

XIII

Ychydig wedi hyn aethpwyd ag Annes i'r sanatoriwm. Cawn
fynd i ymweld â hi am ddwyawr unwaith yr wythnos. Dechreu-
som ar ein llythyrau eto fel yn ystod fy ngwasanaeth milwrol.
Gwyddwn yn sicr erbyn hyn na fyddai hi byth yn gwella, a cheis-
iwn beidio â sôn am y dyfodol yn fy llythyrau. Dywedwn hanes fy
niwrnod wrthi, yr holl bethau bach oedd wedi digwydd—plentyn
yn dawnsio yn y stryd, cardotyn beiddgar, bonheddwr pwysig yn ei
gyflwyno'i hun yn rhodresgar a chomig. Ni chrybwyllwn y pethau
o bwys oedd yn digwydd yn y byd. Doedd dim yn bwysig i mi beth
bynnag heblaw Annes a minnau, a'i pheswch a'i thwymyn. Ysgrif-
ennai hithau ataf i heb un gŵyn. Disgrifiai'r hyn oedd yn digwydd
o'i hamgylch ymhlith y cleifion eraill: y gwragedd distaw, y rhai
lloerig, y gwrthryfelwyr. Soniai am yr ychydig gleifion ifainc a
ddarganfyddai gymorth ac ysbrydoliaeth yn eu crefydd, yn ystyried
duwioldeb fel yr unig beth o bwys yn y byd. Nid oedd hi ei hun yn
cael ei thynnu i'r un cyfeiriad, o achos doedd hi ddim yn eithafol
mewn dim ond yn ei dicter pan fyddai un o'r lleill yn cael ei thrin
yn anghyfiawn—a hithau'n derbyn yn oddefgar annhegwch tuag
ati ei hun. Teimlai ei bod wedi ei phlannu'n sydyn yng nghanol
sefyllfa lle nad oedd deddfau normal yn cyfrif, lle'r oedd ugeiniau o
ferched, anwar o hunanol, yn ymddiddori mewn dim ond yn eu
cyrff eu hunain, a lle'r oedd un gradd o wres fwy neu lai yn bwys-
icach na threfn byd.

Rhoddai bob dydd, fel ôl-nodyn i'w llythyr, radd ei thymheredd
yn y bore ac yn y nos. Ac er fy mod yn gwybod nad oedd dim
gobaith iddi, eto gafaelwn yn dynn yn y ddau rif hyn fel pe bai fy
mywyd yn dibynnu arnyn nhw. Oherwydd roeddwn i wedi ildio fy
mywyd i'w bywyd hi, ac yn berffaith barod i farw.

Ar ôl ein hymweliad â thŷ fy nghyflogydd, a phrofiad poenus
Annes yno, dechreuodd hi siarad yn gwbl agored am y pethau

mwyaf personol. Disgrifiai yr awyrgylch yn y sanatoriwm yn fanwl yn ei llythyrau, gan sôn am y pwyslais rhyfedd a roid gan y gwragedd ar bopeth a ddywedai ac a ysgrifennai eu gwŷr a'u cariadon, ac am y cyflwr o gyffro erotig yr oedd y gwragedd claf a'r rhai oedd ar fin marw o'i hamgylch yn byw ynddo.

Pan awn i'w gweld—roedd ganddi ystafell fechan breifat lle y byddem yn eistedd wrth ymyl ein gilydd ar y gwely, a nyrs yn dod i mewn bob deg munud ar ryw esgus neu'i gilydd, gan agor y drws yn stwrllyd—roedd hi'n nwydus a nerfus. Gynt arferai dderbyn fy nghofleidio yn llariaidd. Yn awr, cymerai fi'n ei breichiau ohoni ei hun, a phwyso'n hir ar fy mron. Gallasem fynd am dro yng ngardd y sanatoriwm, ond roedd yn well ganddi beidio ar y cyfan, o achos byddem yn cyfarfod â chleifion eraill yno yng nghwmni eu hymwelwyr, a chaem ein cadw i siarad â nhw, yn enwedig y rhai oedd yn awyddus i gyflwyno priod neu gariad iddi. Gwŷr iach, cryf, cadwrus oedd y rhain i gyd, a'u presenoldeb yn tystio nad oedden nhw wedi anghofio'r gwael a'r condemniedig. Rhoddodd Annes ar ddeall imi ei bod yn cydymdeimlo â'u hawydd i'w dangos eu hunain efo'u dynion, a'i bod yn barod i oddef ei chyflwyno iddyn nhw yn ffurfiol os oedd rhaid, ond bod ein horiau byr ni gyda'n gilydd yn rhy brin, ac nad oedd hi wedi ei thynghedu i ferthyrdod 'run fath â rhai o'r eneidiau duwiol o'i hamgylch. Felly, fel arfer, eisteddem ar y gwely yn edrych allan ar y pinwydd trist a dyfai o amgylch y lawnt, yr ieir croen-am-asgwrn oedd wedi dianc o'r clôs ac yn rhedeg yn wyllt o gwmpas, a'r defaid tenau yn sefyll yng nghanol y borfa wedi eu clymu wrth bostyn, ac yn rhoi cyfle i'r sawl oedd yn crwydro'r ardd am awr neu ddwy i sefyll am ychydig i edrych arnyn nhw. Un pnawn Sul roeddwn i wedi mynd i'r sanatoriwm fel arfer ar gefn fy meic, a chael nad oedd Annes yn disgwyl amdanaf y tu ôl i'r ffens haearn na fyddid byth yn ei hagor cyn dau o'r gloch. Roedd hi wedi aros yn y gwely, ac wedi ei gwneud ei hun i edrych yn ddel. Roedd hi'n gwisgo'r pâr o byjamas sidan coch yr oeddwn i wedi ei brynu iddi ar ôl llawer o betruso swil. Roedd ei gwallt wedi cael ei drin, ac roedd blodau ar ei bwrddnos. Eisteddai i fyny yn ei gwely yn darllen llyfr. Roedd yr ystafell i gyd rywsut yn edrych yn llawen. Gofynnodd y cwestiwn imi, y cwestiwn na fydd unrhyw wraig byth yn blino ei ofyn ond a oedd, o dan yr amgylchiadau, yn drwm o ystyr: 'Wyt ti'n fy ngharu i?' Ac, fel pob dyn, cetais y cwestiwn yn afraid. Roeddwn i eisoes wedi ei ateb ganwaith. Ond 'wyddwn i ddim, bryd hynny, y byddai'r cwestiwn hwnnw'n cael ei ofyn imi hyd ddiwedd fy oes. Gwrandewais yn amyneddgar ar ei chwestiwn diangen, a rhoi ateb eithafol. Dim ond f'absenoldeb, fy niflaniad, meddwn, fyddai'n golygu 'Nac wyf'. Doeddwn i ddim yn ddigon call i sylweddoli y gallwn fod yn datgan fy ffyddlondeb fel mater o arferiad yn unig, fel rhyw hanner-aberth, ac ar sail y gwaethaf o'r holl deimladau gwaradwyddus, sef tosturi. Dim ond llawer yn ddiweddarach y deuthum i ddeall nad oeddwn i (er gwaethaf fy holl brofiadau doniol o'r byd—comedi wirion yr ysbyty milwrol, f'ymweliad byr â hwrdy budr) yn ddim amgenach yn llygad Annes na glaslanc ifanc, ac na allwn byth fod yn ddim mwy. Roedd hi'n chwilio am dwll yn f'amddiffynfa. O'i chwmpas bob dydd gwelsai bethau'n digwydd a hithau'n gorfod cyfranogi ohonynt yn erbyn ei hewyllys: un o'r gwragedd yn disgwyl yn ofer am lythyr oddi wrth ei chariad; gwraig arall yn derbyn llythyr llawn esgusodion llwfr—ni allai ei chariad fod yn rhydd bnawn Sul; gwybodaeth am gariad arall wedi dod o hyd i ferch newydd yn cael ei throsglwyddo gan drydydd person. Roedd y pethau hyn i gyd, pethau yr oeddwn i'n credu eu bod yn perthyn i fyd llenyddiaeth ysgafn, i'w darganfod yno yn eu llawnder brwnt. Pan ddigwyddai pethau fel hyn byddai gwragedd **oedd, hyd yma, wedi bod yn glynu'n benderfynol** at fywyd yn colli gafael yn annisgwyl, ac yn dihoeni'n ddistaw. Byddai eraill yn mynd yn sinigaidd a gwrthryfelgar, gan droi eu golygon i gyfeiriad y meddygon a'r gweinyddwyr, neu ynteu yrru eu hanlladrwydd mor bell fel y byddai'n rhaid i wŷr a chariadon eu cyd-gleifion ddianc i'r ardd yn ystod yr oriau ymweld. Ar ôl ychydig fisoedd o fynd i weld Annes yn rheolaidd bob Sul, deuthum i sylweddoli fod cnawdolrwydd o'r math mwyaf cynhyrfus yn bodoli ymysg y cleifion yno, a chredwn imi sylwi, hyd yn oed yn Annes ei hun, ryw nwyd, rhyw deimlad o angerdd nad oedd hi erioed wedi ei ddangos cyn hynny. Doeddwn i ddim am feddwl y gallai hi ddioddef o'r arwyddion poenus hyn o'r salwch, a rhoddais y bai am ei chyffro ar ei hamgylchedd newydd a'r ffaith ein bod yn gorfod bod ar wahân.

Ar y Sul arbennig hwnnw, fodd bynnag, roedd Annes yn hollol dawel. Eisteddai'n sidêt ar ei gwely cul fel brenhines ar ei gorsedd. Rhoddai'r argraff nad oedd arni eisiau difetha ei golwg dwt drwy symud yn rhy sydyn. 'Estyn fy slipars imi,' meddai. A gwthiais innau am ei thraed y slipars bach meddal yr oeddwn i wedi eu prynu iddi, ac yr oedd hithau wedi chwerthin cymaint am eu pennau pan ddeuthum â nhw iddi. Yn naturiol, roeddwn i wedi dewis y rhai mwyaf mursennaidd, a phan ddywedais y gair hwn, gwawdiodd fi a dweud: 'Nid cocetaidd, cocotaidd. Ond ta waeth am hynny, maen nhw'n rhai cynnes braf, a thi roddodd nhw i fi.'

Roedd hi'n eistedd ar erchwyn ei gwely a gwelais mor denau yr oedd pan syrthiodd sidan coch y pyjamas yn llac ac yn llawn dros ei chluniau a'i choesau main. Troes ataf gan wthio o'r neilltu y spitŵn glas tywyll oedd yn sefyll ar y bwrdd-nos. A'i llygaid yn syth o'i blaen, gofynnodd mewn llais tawel: 'Os wyt ti'n fy ngharu i wnei di roi cusan imi?' Gwyddwn beth oedd ganddi yn ei meddwl, ac mai gwir ystyr ei geiriau oedd: Wyt ti'n fy ngharu i ddigon i farw efo mi? Am un eiliad anholltadwy petrusais a gweld bai arnaf fy hun ar unwaith am hynny. Ond eto, pe bawn i wedi dweud 'gwnaf' yn syth, fel cri o'r galon, gallai Annes fod wedi gweld hynny fel fflach fyrbwyll, ymateb i her. Doedd arna' i ddim eisiau gweiddi 'gwnaf' chwaith gyda'r gorfoledd hwnnw oedd yn cynnwys ei ddiddymiant a'i negyddiad ei hun, am ei fod i bob golwg wedi darfod. A doedd wiw imi betruso, meddyliais, o achos i fod yn onest, doeddwn i ddim yn petruso, a gallai eiliad o ddisgwyl am f'ateb fod yn ganrif iddi hi. Codais ei llaw at fy ngwefusau a'i chusanu, a dweud: 'Cyhyd, a chynifer ag a fynni, Annes.'

Neidiodd oddi ar ei gwely a sefyll o'm blaen. Roeddwn i wedi aros ar f'eistedd. Swatiodd rhwng fy nghoesau agored, a thaflu ei breichiau am fy ngwddw. Wylodd. Ac yna, drwy ei dagrau, gofynnodd imi, a dirmyg ysgafn, cariadus yn ei llais: 'Wyt ti'n teimlo'n ddewr?' Cymerais ei gruddiau gwlybion yn fy nwylo. Roedd gwrid twyllodrus yr angheuol wael ar ei gruddiau, a'i llygaid gleision yn pefrio fwy nag erioed. Llithrodd deigryn mawr i lawr ei thrwyn ac at ei gwefus uchaf fain. Ac yna fe'i cusenais hi am y tro cyntaf erioed fel y dylai carwr gusanu gwraig—yn ben-ysgafn, yn feddw o angerdd. Roedd hi wedi mynd yn ddistaw iawn o'n cwmpas, yr ymwelwyr wedi eu lledaenu hyd y parc mawr o amgylch yr adeilad, a'r nyrsys yn gwybod nad oedd ar neb angen eu gwasanaeth. 'Wyt ti'n fy nghoelio i rŵan?' gofynnais i Annes. 'Ydw,' meddai yn dawel, a'i golwg yn syth o'i blaen. Aeth yn ei hôl i'r gwely, a gorweddais innau wrth ei hymyl ar ben y blanced. Chwyrnodd dau bryfyn, ynghlwm yn ei gilydd, i fyny at y nenfwd, a tharo'n ddoniol yn ei erbyn. Edrychodd y ddau ohonom am funud ar y sioe anllad a digrif. Cyn imi ddweud gair, gan syllu i'r gwagle, meddai Annes wrthyf: 'Does gan hynna ddim sy'n gyffredin â ni. Mae pobl yn dweud bod y gwryw'n marw wedyn—'ta i'r gwenyn y mae hynny'n digwydd? 'Wn i ddim. Rydw i'n anghofio popeth. Rydw i'n dy garu di, yr hen beth gwirion. 'Wnei di ddim marw o'm cusanu i, ond roeddet ti'n barod i fentro. Dim eisiau fy mrifo i oeddet ti? Ateb fi 'achos rydw i'n dy garu di.'

Ond nis atebais. Pan ganodd y gloch i rybuddio'r ymwelwyr ei bod hi'n amser mynd roedd Annes yn eistedd i fyny yn ei gwely gan ddisgleirio o hapusrwydd. Yn frysiog iawn adroddodd wrthyf hanes hen ŵr oedd wedi gwirioni ar un o'r merched ifanc yn y sanatoriwm, ac er mwyn profi iddi hi nad oedd hi ddim yn mynd i farw, er ei fod yn gwybod yn iawn mai'r gwrthwyneb oedd yn wir, yfodd holl gynnwys y spitŵn glas ar ei bwrdd-nos. Cefais ysgytiad pan glywais y stori anhygoel hon, ond ni symudais yr un cyhyr.

'Beth wyt ti'n ei feddwl o hynna?' gofynnodd Annes, a minnau'n sefyll wrth y drws ar fin mynd allan. Ni allwn yn fy myw weld dim yn arwrol yn y fath weithred. Gwnâi imi deimlo'n sâl, ac ni allwn lai na chredu bod yr hen ŵr wedi gwallgofi. Meddyliais am y prawf yr oedd Annes wedi ei roi arnaf i, a gwybod mai rhywbeth hollol wahanol oedd hynny. Heb betruso felly, 'Budr,' meddwn. 'Budr, a dim arall.' Cydweld!' gwaeddodd Annes. 'Rydw i'n dy garu di gymaint.'

Gyrrais yn araf ar gefn fy meic ar hyd y gamlas lonydd, dawel, drwy'r coed pîn trist, drwy'r maestrefi aflêr, yn f'ôl adre. Roedd hi'n nosi'n gyflym, a gwelais gannoedd o barau ifainc yn cerdded yn y coed ar hyd y gamlas, neu'n sefyll yn llonydd wedi ymglymu yn ei gilydd. Roeddwn i ar fy mhen fy hun, a theimlais gyffro dirgel yn mynd trwof wrth gofio beth oedd wedi digwydd yn ystafell fach Annes. Ond roedd arnaf ofn dechrau edrych arnaf fy hun fel rhyw fath o arwr o gyfnod y gwallt-gosod. Yr unig arwyr yr oeddwn i'n gyfarwydd â nhw oedd y rheini yn operâu Wagner, arwyr wedi eu cyflwyno inni ymlaen llaw, wrth gwrs, a phawb yn gwybod wrth eu hamddygiad, eu golwg, a'u dillad, beth oedd eu swydd a'u safon. 'Lohengrin ar gefn hen feic efo brêcs gwael wyt ti,' meddwn wrthyf fy hun, mewn ymdrech i dorri pethau i lawr i'w hiawn faint. Doedd arnaf ddim eisiau dechrau meddwl am ein harwyr cenedlaethol ni, na, o achos roedd cymdeithas gyfan holl dystion ein hanes yn eu hedmygu, ac yn cytuno iddynt ddweud neu wneud y peth mwyaf gogoneddus ar yr eiliad fwyaf gogoneddus. Ai arwr oedd y sawl a gusanai ferch yr oedd yn ei garu i'r eithaf ar ei cheg, yn hir a phendant, mewn ystafell fechan mewn sanatoriwm ar brynhawn Sul dioglyd er ei fod yn gwybod ei bod hi'n mynd i farw? 'Wel, nage, siŵr,' atebais. 'Annes yw fy heddiw a'm fory i. Rydw i wedi fy rhwymo wrthi. Pe bai hi'n wahanglwyf, byddwn innau'n wahanglwyf. Yr hyn a wnes i, rhywbeth ydoedd na allwn beidio â'i wneud.

Erbyn hyn roeddwn i wedi cyrraedd un o ardaloedd mwyaf arswydus y dre. Roedd meddwon yn baglu allan o'r tafarndai ar hyd y ffordd, a sŵn canu digon i fyddaru dyn yn dod allan ohonyn nhw. Gwthiwyd fi i'r ochr gan dram oedd yn crafu'r pafin. Torrodd fy nghadwyn, ac wrth imi wthio fy meic ag anhawster, meddwn yn sarrug wrthyf fy hun: 'Lohengrin a'r alarch clwyfedig.'

XIV

O'r diwrnod hwnnw ymlaen bûm yn trigo'n gyfeillgar yng nghwmni angau. Dyfynnwn un o benillion Boutens: 'Angau annwyl y mae ei bibau glân yn treiddio trwy'r bywyd sy wedi ei ddistewi . . .' Roeddwn i'n berffaith barod i ddod â'r holl fusnes twp o eni, byw, a phydru i ben drwy farw gydag Annes. Deuthum i ddeall fodd bynnag fod yna erchylltra gwaeth nag angau, sef byw gyda cholled yn cnoi dyn. O'r funud honno ymlaen roedd galargan dyner Orffews yn atseinio drwy fy mywyd yn ddi-baid. Clywn y gân yn fy mhen o fore gwyn hyd nos, a gwyddwn nad oedd Serch yn mynd i ymddangos i Annes a minnau, nad oedd y ferch swynol a'i llais treiddiol uchel yn mynd i'n gorchymyn ni fel athro ysgol i 'Jouissez désormais des plaisirs de l'amour.' Dim ond tynged urdd-asol Orffews oedd wedi ei benodi bellach ar fy nghyfer. Dim o'r sentimenteiddrwydd bwrdeisiol, na'r posibilrwydd y byddai Orffews yn difaru am iddo gyrchu Ewridice yn ei hôl o Annwn. Ac er imi ddal i ofyn i mi fy hun a oedd Annes o ddifrif ai peidio, pan ofynnodd imi brofi fy serch, ynteu a oedd ei honiad nad oedd y cof-leidio'n beryglus imi, yn ddim ond canlyniad uniongyrchol i gel-wydd optimistaidd ei meddyg. Ac er imi ofyn hefyd a oeddwn wedi fy nal mewn rhwyd drychinebus o gamgymeriadau a hanner gwirioneddau, o ymddwyn arwrol ac ynfydrwydd diofal, eto i gyd doedd arna' i ddim eisiau mynd i chwilio am ateb yn y labyrinth hwn, a phenderfynais rannu tynged Annes.

Yn fuan wedyn cefais wybod yn ddiamheuol pa mor ddifrifol oedd ei chyflwr, pan ddywedodd y meddyg wrthyf y dylid ei han-fon i'r Swistir, a bod hynny, yn wir, yn angenrheidiol, a'r unig obaith bellach. Diolch i haelioni fy nghyflogydd, a oedd yn hoff o Annes, roeddwn i mewn sefyllfa i'w hanfon i Davos. Aeth Carla i'w hebrwng yno. Unwaith eto dechreusom ar ein llythyrau dyddiol, ac roeddwn i gael mynd i'w gweld unwaith bob tri mis.

Yno, yn Davos, yn ymbellhau oddi wrthyf fesul cam annelwig, aeth Annes i gwrdd â'i diwedd. Am y tro cyntaf yn ei bywyd roedd hi mewn lle cwbl ddieithr, ymhlith pobl o bob math o wahanol wledydd: broc lliwgar yn bwrw eu gobeithion ar belydrau haul y Swistir, heb wybod bod cyfartaledd cleifion T.B. yn y wlad honno cyfuwch bron ag yng ngwledydd eraill Ewrop. Ysgrifennai Annes yn fanwl am y creaduriaid rhyfedd hyn, am eu hysteria di-gywilydd, eu hanturiaethau carwrol truenus yng ngŵydd y penn-aeth, a honno'n ofni enllib ond yn ofni'n fwy golli'r cleifion pe bai hi'n ymddwyn yn rhy galed tuag atynt. Doeddwn i'n adnabod 'run o'r bobl hyn, wrth gwrs, ac, i mi, roedd fel pe bai Annes yn symud rhwng 'ombres, spectres' 'larves terribles' rhyw Annwn pell.

Mewn sanatoriwm preifat trefnir marwolaeth yn ddestlus iawn. Mae'r corff yn diflannu yn oriau mân y bore drwy ddrws y cefn, rhag ofn i'w bresenoldeb ddigalonni'r lleill. Mae'r nyrsys a'r doctoriaid i gyd yn disgleirio o iechyd fel pe bai gweld cymaint o gelloedd cochion iach yn debyg o gywilyddio cynrhon y darfodedigaeth. Pan gyrhaeddais Davos ar y trên, ar ben y tri mis, fe'm derbyniwyd gan y Rheolyddes ei hun, gwraig rubensaidd, fawreddog, a'i breichiau a oedd yn noeth uwchben y penelin—yn edrych fel pe baent wedi eu gosod ar sbringiau. Tawelodd fi â chel-wyddau, gan ddefnyddio'r holl dermau clasurol yr oeddwn bellach yn hen gyfarwydd â nhw. Soniai am Annes fel 'notre chère malade'. Edrychais ar ei bochau llac a meddwl fel y byddai'n defnyddio'r un geiriau mae'n siŵr am bob un o'r pedwar ugain claf, hyd yn oed y rhai oedd yn debyg trwy eu hymddygiad ffôl o amharu ar enw da ei sefydliad. Tramgwyddai fy nistawrwydd hi. 'Peidiwch â bod yn besimistaidd,' meddai. 'Mae llawer yn gwella yma.'

'A llawer yn marw,' atebais innau.

O'r diwedd cefais fynd i weld Annes. Roedd gŵr ifanc, tal, pen-felyn yn ei hystafell, cymydog a ymgrymodd yn isel a mynd allan. Roedd hi wedi ei llosgi'n felyn yn yr haul, ac yn edrych yn dda iawn, roedd yn rhaid imi gyfaddef. Ond uwchben ei gwely roedd ei cherdyn tymheredd yn hongian, a phan gymerais hi yn fy mreich-iau, a'i phen melyn wedi ei guddio ar fy mron, syrthiodd fy llygad ar y llinell gyson, ddidrugaredd, a ddangosai y difrodi ar ei chyflwr. Roeddem ni wedi dweud popeth yr oedd i'w ddweud am y sefyllfa adre cyn pen dim, a dechreuodd Annes siarad ar unwaith, yn brysur a chynhyrfus, am y bobl o'i hamgylch, am y bachgen pen-felyn a wyddai na fyddai byth yn cael gadael yr ysbyty hwn yn fyw; am fyd bychan y diobaith a'r rhai yr oedd eu tynged eisoes wedi ei rhagdrefnu, lle nad oedd newyddion o'r byd mawr y tu allan o ddim diddordeb mwyach, a'r bobl i gyd mor fewnblyg fel eu bod yn medru darllen am filiynau'n marw o newyn yn Rwsia heb falio dim. Roedd hi'n cydymdeimlo â'r rhain: trueiniaid nad oedd dim yn cyfrif iddynt ond llinell eu gwres ar y siart dymheredd, cael gwared o bwl o besychu, a gohirio'r diwedd anorfod—y diflannu drwy ddrws y cefn yn nhawelwch y bore cynnar. Dyna, felly, oedd ei byd hi. Byd na allwn i byth fod yn rhan ohono. Roeddwn i nid yn unig yn perthyn i fyd yr iach, achos doedd f'arwriaeth ynfyd ddim wedi fy nghreithio ond hefyd yn ddieithryn yn y lle hwn—ymwelydd, rhywun i'w holi gan ffrindiau Annes, a ddeuai i mewn ar ryw esgus neu'i gilydd ac aros yn hir i siarad am bethau na allwn i wybod dim amdanyn nhw am nad oeddwn yn adnabod arwyr eu storïau. Ychydig eiliadau cyn imi orfod gadael syrthiodd Annes mewn dagrau ar fy ngwddw, a dweud y geiriau olaf yr oeddwn i'w clywed o'i gwefusau. Gan feichio crio, meddai: 'Rydw i'n dal i fod mor ifanc, mor ifanc.'

Mae ein sefyllfa yn anwar. Rydym ni'n gorfod gweithio er mwyn ennill arian i'n bwydo ein hunain. Pe bawn i wedi bod yn ddigon dewr ar y pryd byddwn wedi mynd ag Annes yn ei hôl i niwl a glaw ei gwlad ei hun, lle y gallai fod wedi marw yn hapus yn fy mreichiau i a'i theulu yn hytrach na'r haid ryngwladol wallgo o bob lliw a llun o'i hamgylch. Ond roedd yn rhaid imi ddychwel at fy ngwaith, yn ôl at yr hyn a alwn, yn gyfoglyd, 'fy nyfodol'. Cusenais Annes ar ei thalcen twym. Cusenais ei llygaid gwlybion, a'i dwylo gwresog. Ond 'chusenais i mo'i gwefusau. Oherwydd pan gymerais ei hwyneb annwyl yn fy nwylo gwthiodd fi i ffwrdd yn sydyn a mynd i guddio o dan y gynfas. Caeais y drws ar f'ôl a galw, yn ofer, am gael marw. Ceisiodd y Rheolyddes, y digwyddais daro arni yn y cyntedd, fy nghadw i siarad, ac roedd eisoes wedi defn-yddio un o'i brawddegau arferol. 'Yr hen ast,' mwmiais, gan edrych trwyddi. Ond ni phoenodd hyd yn oed hynny hi. Er nad oedd yn deall y geiriau, mae'n rhaid ei bod wedi dyfalu eu hystyr, o achos fe hebryngodd fi ar frys at ddrws y ffrynt, a dweud ei bod yn deall yn iawn sut oeddwn yn teimlo 'en ce moment dur des adieux,' a bod arnaf eisiau bod ar fy mhen fy hun, ac mai dyna pam y syrthiais yn ôl ar fy mamiaith.

Yn y trên a'm hebryngai adre clywais yr unig gŵyn a lefarodd Annes erioed yn adleisio drwy fy mhen am oriau: 'Rydw i'n dal i fod mor ifanc, mor ifanc.' Roeddwn i wedi ei hateb â geiriau maldodaidd, di-fudd, yr unig rai y gallwn feddwl amdanynt ar y pryd.

Dychwelais adre at fy mywyd, at fy ngwaith, ac i'm tref enedigol a edrychai'n heulog a llawen yn y gwanwyn cynnar. Dychwelais i'm cynefin, at bopeth yr oedd Annes wedi ffarwelio ag ef pan lefarodd ei chŵyn fach annwyl ar fy mynwes.

Fis wedi hynny aeth Carla i'w gweld. Dychwelodd yn weddol galonogol. Roedd popeth cystal ag y gellid ei ddisgwyl. Yn ffodus, roedd fy ngwaith yn mynd â'm holl egni meddyliol ar y pryd, a gweithiwn ddydd a nos mewn math o freuddwyd. Darllenwn hyd yn hwyr y nos, ac ysgrifennwn yn ffyddlon at Annes. Dechreuodd Mam—nad oedd wedi dilyn fy mherthynas ag Annes ond o bell hyd yma, ac nad oedd erioed wedi sôn amdani wrth ei henw—siarad amdani. Swniai i mi fel petai hi yn siarad yn yr amser gorffennol. Ar hap digwyddais ei chlywed yn dweud wrth un o'i ffrindiau fod Annes fel 'aderyn y gath.' Teimlais ar y pryd fod holl anwarineb y cyfnod cyntefig yn perthyn i'r hen ymadrodd gwerin hwn.

Daeth yr haf i'r tir. Cerddwn bob dydd drwy'r parc at fy ngwaith. Roedd y castanwydd yn gwisgo'u coronau. Pan ddychwelwn yn yr hwyr gwelwn barau ifanc yn caru'n ddigywilydd ar feinciau'r parc. Mewn llecyn cudd byddai gwrywgydiwr yn aros i geisio neidio ar un o'r bechgyn ifanc a grwydrai o amgylch ar ei ben ei hun ar hyd y llwybrau. Gwelais hen lenor adnabyddus droeon, a dwy ferch ysgol yn cerdded ar ei ôl bob tro ac yn chwerthin am ben ei farf ramantus wedi ei lliwio, a'i gwrteisi hen-ffasiwn. Roeddwn i'n ifanc fy hunan, a doedd y sioe ddyddiol hon ddim yn fy ngadael yn oer. Glynwn, fodd bynnag, yn dynn wrth Annes, fy ngariad fach pell-i-ffwrdd, Annes y forwyn, Annes allan o'm cyrraedd, Annes ddigyffro, Ewridice na ddychwelai byth eto.

Un bore ffoniodd Carla fi a gofyn imi fynd i'w gweld yn y pnawn. Roedd ei llais yn od ond yn dawel. Gofynnais a oedd arni eisiau imi ddod ar unwaith. 'Mi fyddi di'n rhydd mewn awr,' meddai. 'Tyrd wedyn.' Pan genais y gloch, yn gynnar, ac yn llawn pryder, roedd llenni'r ffenestri wedi eu cau. Gallai hynny fod yn erbyn yr haul cryf. Ond eto, teimlwn yn annifyr. Dywedodd Carla wrthyf am ddod i eistedd wrth ei hymyl. 'Dydi pethau ddim yn rhy dda efo Annes,' meddai, a thewi. Deëllais innau. Ond roedd arna' i eisiau clywed y geiriau tyngedfennol o'i gwefusau hi. 'Mae hi wedi marw,' meddwn. 'Dwed o, 'ta.'

Ydi,' meddai Carla yn syml.

Roedd y tŷ yn berffaith ddistaw. Roedd mam Annes yn eistedd yn yr ardd drionglog yn wylo'n dawel.

Ymhen ysbaid sefais i fyny a dweud wrth Carla: "Wna' i byth eto gyflawni gweithred ddianrhydedd.' Clywais sŵn fy ngeiriau fel pe bai rhywun arall yn eu dweud. Ond gwyddwn fy mod yn tyngu llw mwy difrifol na llw'r Groegiaid gynt ar Zews neu ar Annwn dywyll; a'm bod i, y funud honno, wedi dod i benderfyniad, beiddgar efallai, ynglŷn â gweddill fy mywyd. Y noson honno teithiodd Carla a minnau i Davos. Eisteddais drwy'r nos a'm pen ar ei hysgwydd lydan, yn llefain efo hi, yn galaru am ein hannwyl Annes, nes i'r wawr egwan dorri dros Afon Rhein a ninnau wedi cyrraedd Basel. Roedd hi'n bnawn arnom yn cyrraedd pen ein taith. Wedi canu cloch y sanatoriwm, ac iddo'r enw diniwed 'Villa Mountainsight', fe'n hanfonwyd i fortiwari'r dref. Gafaelodd Carla'n dynn yn fy mraich wrth inni fynd i mewn. Droeon yn yr ysbyty milwrol, a'r is-swyddog yn ormod o gachgi neu'n rhy ddiog i ddangos corff mab i'w rieni, roeddwn wedi gorfod tynnu'r gynfas oddi ar wyneb marmoraidd. Ond yma safwn yn wylaidd yn edrych ar weinyddes yn codi'r amdo yn ddybryd o araf. Yr unig beth y medrwn i ei ddweud oedd: 'Roedd hi mor ifanc, mor ifanc.' Gorweddai Annes yno o'n blaenau yn dawel a thlws, a lili hir ar ar ei bron. Pan gusenais ei thalcen roedd hi fel marmor. Ond roedd hi'n oerach fyth y tu mewn i mi fy hun. Gadewais i Carla f'arwain yn ôl i'r sanatoriwm. Gwelsom y Rheolyddes eto. Ni chlywais beth a ddywedwyd. Ond gofynnais iddi beth oedd Annes wedi ei ddweud ar y diwedd. Ar unwaith atebodd y wraig dew: 'Elle a dit votre nom.' Hyn hefyd, meddyliais, yn ôl rheolau'r tŷ. Telais y bil o'r diwedd gydag arian pobl eraill, gan ddal i ofyn: 'Beth ddwedodd hi?' Collodd y wraig druan ei chydbwysedd a dechrau mwm-

ian—doedd hi ddim yn cofio f'enw cyntaf—'Elle a dit, Monsieur
...' Trois i fynd, o achos doedd dim mwy i'w wneud yno, dim mwy,
os nad oeddwn am ladd y wraig hon am fy mod yn methu ei gor-
fodi i gyfaddef bod Annes wedi marw ar ei phen ei hun, yn unig a
distaw, fel yr oedd hi wedi byw.

Flynyddoedd lawer yn ddiweddarach bûm mewn damwain
gyda'r car, ac am ennyd fer 'wyddwn i ddim ai byw ai marw
oeddwn. Ond pan ddarganfûm fy mod yn medru cyffwrdd â'm holl
aelodau daeth ton o lawenydd cyntefig drosof, a dywedais yn uchel,
er fy mwyn fy hun yn unig, 'Rydw i'n fyw, rydw i'n fyw, rydw i'n
fyw!' Bu arnaf gywilydd o hyn am flynyddoedd. Pan gollais Annes
cefais fy niwreiddio, a'm dedfrydu i farwolaeth. O hynny ymlaen
doeddwn i'n malio dim beth oedd yn digwydd imi. Roeddwn i wedi
colli Ewridice am byth. A oeddwn i'n deilwng ohoni? Roeddwn i
wedi 'gwneud fy ngorau' fel y maen nhw'n ei ddweud. Roeddwn i
wedi tyngu llw drudfawr ar fynwes Carla. Pe bawn yn anffyddlon
i'r llw byddwn yn selio fy nhynged am byth. Bu ffawd yn ddigon
caredig i'm diogelu rhag gorfod cymysgu eto â ffyliaid a thwyll-
wyr. Gyda marwolaeth Annes hefyd fe ddiflannodd y 'larves
terribles', a phan gwrddwn â nhw yn nes ymlaen roeddwn i'n
medru tosturio wrthyn nhw. Doedd arna' i ddim ofn mwyach.
Roedd tymor fy mhrawf ar ben. Pe bawn i'n fardd byddwn wedi
galw'r gyfrol hon yn 'Feddrod Annes', fel y byddai dynion yn arfer
ei wneud ers talwm. Ni allaf dalu gwell teyrnged i'w choffadwr-
iaeth annwyl na'r llyfr-di-lun hwn. Roedd yn rhaid iddi farw;
roedd hynny—yn ôl y credinwyr—wedi ei ysgrifennu yn y sêr,
cardiau mynegai yr Arglwydd. Gofynnais i mi fy hun pam nad
oedd wedi ei ysgrifennu yn y sêr fod yn rhaid i ferch ifanc gael byw
i fod yn wraig a mam. Yn ôl offeiriad plwyf Annes, dyn syml a
charedig, a oedd yn eistedd gyda mam Annes pan ddychwelais efo
Carla, roedd ar Dduw eisiau morynion glân yn ei nefoedd i eistedd
o flaen ei orsedd i ganu ei glod yn dragywydd.

Gwrthodais edrych ar yr Arglwydd fel gormeswr ofer ac, â'm
calon mor chwerw â'r wermod, euthum rhagof i fywyd, gan gablu
Duw am imi golli Annes, fy mhriod bur,. fy chwaer farw, fy Ewri-
dice a gollwyd ddwywaith.